Teste e Avaliação em Esporte Adaptado

José Irineu Gorla
Mateus Betanho Campana
Luciana Zan de Oliveira
(Organizadores)

Phorte
editora

São Paulo, 2009

Teste e Avaliação em Esporte Adaptado

Rua Treze de Maio, 596
CEP: 01327-000
Bela Vista – São Paulo – SP
Tel/fax: (11) 3141-1033
Site: www.phorte.com E-mail: phorte@phorte.com

CIP-BRASIL. CATALOGAÇÃO-NA-FONTE
SINDICATO NACIONAL DOS EDITORES DE LIVROS, RJ

T326

Teste e avaliação em esporte adaptado / José Irineu Gorla, Mateus Bretanho Campana, Luciana Zan de Oliveira (organizadores). - São Paulo : Phorte, 2009.
216p.

Inclui bibliografia
ISBN 978-85-7655-232-1

1. Educação física para deficientes - Avaliação. 2. Esportes para deficientes físicos - Avaliação. 3. Capacidade motora em deficientes - Testes. I. Gorla, José Irineu, 1964-. II. Campana, Mateus Bretanho. III. Oliveira, Luciana Zan de.

09-2581. CDD: 796.087
CDU: 796-056.26

29.05.09 03.06.09 012968

Impresso no Brasil
Printed in Brazil

Teste e Avaliação em Esporte Adaptado

Instituto Phorte Educação
Phorte Editora

Diretor-Presidente
Fabio Mazzonetto

Diretora Executiva
Vânia M. V. Mazzonetto

Editor Executivo
Tulio Loyelo

Organizadores

José Irineu Gorla

Doutor em Atividade Física Adaptada – FEF/Unicamp

Professor doutor e chefe do Departamento de Estudos da Atividade Física Adaptada – FEF/Unicamp

Coordenador do Grupo de Estudos em Avaliação Motora Adaptada – FEF/Unicamp

Mateus Betanho Campana

Mestrando em Atividade Física, Adaptação e Saúde – FEF/Unicamp

Especialista em Treinamento do Exercício e do Esporte

Membro do Grupo de Estudo e Pesquisa em Avaliação Motora Adaptada

Bolsista CNPq

Luciana Zan de Oliveira

Especialista em Atividade Motora Adaptada e Pedagogia do Movimento – FEF/Unicamp

Educadora Física

Membro do Grupo de Estudo e Pesquisa em Avaliação Motora Adaptada

Autores

Adriana Nascimento de Souza

Especialista em Atividade Motora Adaptada – FEF/Unicamp
Membro do Grupo de Estudo e Pesquisa em Avaliação Motora Adaptada

Aline Vidal Maia

Graduada em Educação Física pela Faculdade de Educação Física da ACM de Sorocaba
Professora de Dança e Expressão Corporal
Membro do Grupo de Estudo e Pesquisa em Avaliação Motora Adaptada

Anselmo de Athayde Costa e Silva

Mestrando em Atividade Física, Adaptação e Saúde – FEF/Unicamp
Membro do Grupo de Estudo e Pesquisa em Avaliação Motora Adaptada
Bolsista CNPq

Cleci Parizotto

Especialista em Treinamento Esportivo
Professora de Educação Física da Prefeitura Municipal de Pitanga (PR)
Membro do Grupo de Estudo e Pesquisa em Avaliação Motora Adaptada

Décio Roberto Calegari

Doutorando em Educação Física, atividade física, Adaptação e Saúde - Unicamp
Coordenador do Curso de Educação Física - Unipar - Toledo/PR

Edison Duarte

Doutor em Atividade Física Adaptada – FEF/Unicamp
Professor doutor do Departamento de Estudos da Atividade Física Adaptada – FEF/Unicamp

Fábia Freire da Silva

Especialista em Atividade Motora Adaptada – FEF/Unicamp
Professora do Centro Universitário Metropolitano de São Paulo (Unimesp)
Membro do Grupo de Estudo e Pesquisa em Avaliação Motora Adaptada

Fábio Bertapelli

Graduado em Educação Física – Universidade Paranaense
Membro do Grupo de Estudo e Pesquisa em Avaliação Motora Adaptada

Fernando Ruiz Fermino

Mestrando em Ciência do Desporto – FEF/Unicamp
Especialista em Treinamento Desportivo – FEFISA
Membro do Grupo de Estudo e Pesquisa em Avaliação Motora Adaptada

Ledimar Brianeze

Especialista em Fisiologia do Exercício – Unifesp
Professora da Faculdade Adventista de Educação Física
Membro do Grupo de Estudo e Pesquisa em Avaliação Motora Adaptada

Leonardo Trevisan Costa

Mestrando em Atividade Física, Adaptação e Saúde – FEF/Unicamp
Membro do Grupo de Estudo e Pesquisa em Avaliação Motora Adaptada
Bolsista CNPq

Luiz Marcelo Ribeiro da Luz

Mestre em Educação – Unicamp
Coordenador do Curso de Educação Física da Universidade Metodista de São Paulo
Membro do Grupo de Estudo e Pesquisa em Avaliação Motora Adaptada

Magda Jaciara Andrade de Barros

Especialista em Ciência do Treinamento
Professora de Educação Física
Membro do Grupo de Estudo e Pesquisa em Avaliação Motora Adaptada

Marília Passos Magno e Silva

Mestranda em Atividade Física, Adaptação e Saúde – FEF/Unicamp
Fisioterapeuta da CBDC e CPB
Membro do Grupo de Estudo e Pesquisa em Avaliação Motora Adaptada

Vanessa Helena Santana Dalla Déa

Doutora em Atividade Física, Adaptação e Saúde – FEF/Unicamp
Membro do Grupo de Estudo e Pesquisa em Avaliação Motora Adaptada

Vicente Paulo Batista Dalla Déa

Especialista em Pedagogia do Movimento – Unicamp
Orientador de Lazer e Esportes do SESI São Carlos
Membro do Grupo de Estudo e Pesquisa em Avaliação Motora Adaptada

Viviane Portela Tavares

Especialista em Atividade Motora Adaptada – FEF/Unicamp
Membro do Grupo de Estudo e Pesquisa em Avaliação Motora Adaptada

Apresentação

Apresentar o trabalho coordenado pelos professores José Irineu Gorla, Mateus Betanho Campana e Luciana Zan é motivo de alegria e orgulho. A obra *Teste e Avaliação em Esporte Adaptado* gerada pelo Grupo de Estudo e Pesquisa em Avaliação Motora Adaptada (Gepama)[1] aprofunda-se numa das temáticas de maior crescimento no ensino, nas práticas físicas e na pesquisa da área da Educação Física no País: o Esporte Adaptado.

As idas e vindas dos autores nos vários anos de dedicação ao tema, o encontro deles em diversos projetos de trabalho, bem como, o envolvimento e o amor, geraram um interessante texto e que contribui de forma rica com esse campo de conhecimento.

É sempre necessário destacar que a FEF/Unicamp possui um trabalho pioneiro na Educação Física Adaptada e essa contribuição se estende para vários aspectos, dentre alguns, na geração do conhecimento novo, na formação de profissionais qualificados para atuar no Esporte Adaptado, e em novas lideranças acadêmicas possibilitando o desenvolvimento da Educação Física Adaptada no País. Isso é inegável e um dos nossos mais consagrados resultados.

Também, como já destaquei em oportunidades anteriores, em situações como essa, sinalizo minha reflexão com base no posicionamento teórico de Lucrecia Ferrara na apresentação da obra *Como se faz uma tese*, de Umberto Eco. O desafio posto é de que os estudos de pós-graduação e da pesquisa oriunda dela se afastem simplesmente da formalidade da obtenção dos títulos e que os resultados da pesquisa gerada pelos pesquisadores e grupos sejam capazes de "...movimentar outras mentes e acionar novas ideias", ou seja, a de construir conhecimento novo para modificar a nossa sociedade.

Espero, sempre, para melhor.

Portanto, indiscutível e imperioso a publicação de livros que contribuam com a reflexão e o aprofundamento do trabalho nessa população específica, na

---

[1] Grupo de Pesquisa vinculado à FEF/Unicamp e Coordenado pelo Prof. Dr. José Irineu Gorla, Chefe do Departamento de Estudos da Atividade Física Adaptada — DEAFA.

evolução, educação e formação das pessoas e praticantes envolvidos com o esporte (preocupação com quem pratica), também, evolução e aperfeiçoamento do Esporte Adaptado institucionalizado (preocupação com a prática e aperfeiçoamento das modalidades esportivas). Como apaixonado pelo fenômeno do esporte e suas muitas relações de causa-efeito, sempre acredito na ação simbiótica entre essas duas ideias anteriormente mencionadas, ou seja, numa relação mutuamente vantajosa para todos os envolvidos, algo que age ativamente em proveito próprio e dos outros, interações e cooperações permanentes.

Ainda, destaco essa obra como um momento marcado pela preocupação dos estudiosos do Gepama, os conteúdos registrados premiam a riqueza de estudos que vão além do que fazer e do porquê fazer, além disso, demonstram as possibilidades do como fazer e a preocupação com quem faz.

O conteúdo do livro está estruturado em capítulos, a riqueza de temas e a diversidade de estudos na área da avaliação do Esporte Adaptado é contemplada no presente projeto. Inicialmente, ao expor uma bateria de testes motores para pessoas com deficiências, sendo esses testes experimentados e adaptados para cada área de deficiência. Entre os vários temas, aborda os aspectos gerais das pessoas com deficiência, considerando as particularidades de cada uma delas, fornecendo informações básicas a respeito das características das diferentes deficiências e das especificidades a serem observadas.

Vale registrar que grande parte das informações aqui contidas são experiências e observações efetivadas e registradas pelos pesquisadores ao longo desses anos no trabalho com esse "alunado". A obra detalha as classificações das deficiências, informações importantes na construção ou validação de testes motores.

O tema *avaliação* tem sido objeto de várias investigações na Educação Física e está focado no terceiro capítulo, tendência esta relacionada à necessidade de avançar nas reflexões e projetos de pesquisa. A Educação Física e o Esporte Adaptado também sugestionam no campo *avaliação* e, portanto, é de grande relevância buscar o aprofundamento de informações que contribuam com a compreensão dos fatos.

Uma das grandes dificuldades enfrentadas pelos professores de Educação Física e Esporte Adaptado – e a obra busca avanços conceituais - é a diversidade terminológica utilizada entre muitos instrumentos de avaliação presente nos protocolos bem como nas adaptações necessárias em cada teste. Ainda, os autores procuram discorrer sobre a importância de aprofundar o conhecimento em relação à faixa etária dos indivíduos, pois, especificamente, quando se está lidando com crianças, o monitoramento do crescimento físico e as medidas de estatura e de peso corporal são indicativos importantes para avaliação antropométrica.

A obra também enfoca adaptações de vários testes motores para cada tipo de deficiência. Alguns testes são utilizados em populações de atletas e outros testes são desenvolvidos especificamente para uma determinada área da deficiência, de forma a contribuir para as diversas tomadas de decisão dos profissionais que atuam na Educação Física e mais especificamente no Esporte Adaptado.

Em sequência, os autores registram uma bateria de habilidades motoras para atletas de rúgbi em cadeiras de rodas chamada de bateria *Beck* desenvolvida por Yilla, A. B.; Sherril, C. (1998), e apresentam uma escala fatorial de autoconceito (EFA) (Tamayo, 1981) que tem por objetivo avaliar o autoconceito do indivíduo por meio de suas dimensões (somático, pessoal, social e ético-moral), com itens claros, precisos e de fácil compreensão.

Por fim, descrevem uma forma de avaliação da postura, e com a elaboração de diagnóstico precoce, a obra demonstra que se pode detectar alterações posturais e encaminhar o indivíduo para análises médicas que permitam avaliações mais detalhadas e adequadas, indicando melhores formas de prevenção e tratamento. O trabalho destaca alguns sinais da linguagem utilizados para a comunicação com pessoas surdas, mais especificamente nas terminologias da Educação Física e do Esporte.

Isso posto, relembro que a responsabilidade de apresentar o livro desses autores permite registrar a importância deles para a área do Esporte Adaptado e também para a vida institucional da Faculdade de Educação Física da Unicamp.

Agradeço a honraria e a lembrança.

Prof. Dr. Paulo Cesar Montagner
Diretor da Faculdade de Educação Física
Universidade Estadual de Campinas

Ao se lançar em um voo,
Não esqueça de seu ponto de partida
Ele deve ser o seu ponto de referência
Caso tenha que regressar,
Pois voar é necessário
E voltar às vezes é preciso.

Sumário

1
Pessoas com deficiência

Edison Duarte
José Irineu Gorla

Este capítulo aborda aspectos gerais sobre pessoas com deficiências, considerando as particularidades de cada uma delas. Daremos informações básicas a respeito das características das várias deficiências e das especificidades a serem observadas. As questões conceituais sobre avaliação e seus procedimentos estão abordadas em outros capítulos. Grande parte das informações aqui contidas são experiências e observações que fizemos ao longo desses anos no trabalho com esse alunado. Os conceitos gerais sobre o tema deverão balizar o trabalho do profissional.

Entendemos pessoas com deficiências aquelas que:

> apresentam, em caráter permanente ou temporário, algum tipo de deficiência física, sensorial, cognitiva, múltipla, condutas típicas ou outras habilidades, necessitando, por isso, de recursos especializados para desenvolver mais plenamente o seu potencial e/ou superar ou minimizar suas dificuldades. (São Paulo, 1993)

Neste universo, temos as pessoas com deficiências; as crianças com distúrbios de conduta, de aprendizagem, com problemas de comunicação; as pessoas com distúrbios de saúde (asma, diabetes, doenças cardíacas etc.); e outras categorias, como os idosos.

A deficiência, segundo a Organização Mundial e Saúde (OMS) (apud Melo, 1991), define-se como:

> uma anomalia da estrutura ou da aparência do corpo humano e do funcionamento de um órgão ou sistema, seja qual for sua causa; em princípio, a deficiência constitui uma perturbação de tipo orgânico.

Em nosso texto, trabalhamos com as pessoas que apresentam deficiências sensoriais (visual e auditiva), físico-motoras e cognitivas (intelectual).

Devemos considerar que a deficiência é um desvio da "normalidade" em aspectos biológicos e que a desvantagem, decorrente da deficiência, apresenta componentes socioeconômicos. Entendida dessa forma, recomendamos que o profissional trabalhe com a desvantagem, e não com a deficiência, a qual limita nossas ações.

A título de ilustração, o Quadro 1.1 nos situa em relação à deficiência (aspecto biológico), à incapacidade e à desvantagem (aspecto social).

Quadro 1.1 – Tipos de deficiência

Deficiência	**Incapacidade**	**Desvantagem**
Linguagem	Falar	Comunicação
Auditiva	Ouvir	
Visual	Ver	Orientação
Musculoesquelética	Em se arranjar Em andar Em se alimentar	Independência física
Psicológica e/ou cognitiva	Comportamento	Interação social

Isso posto, as quatro categorias de deficiências serão descritas a seguir, com suas peculiaridades e informações básicas para o profissional de Educação Física poder desenvolver seu trabalho com essa população.

Surdez

Definição

Caracteriza-se pela perda total ou parcial da capacidade de conduzir ou perceber sinais sonoros, ou seja, corresponde à perda parcial ou total da audição. A classificação da perda auditiva é feita de acordo com a perda sensorial apresentada (medida em decibéis).

- *Surdez de condução*: ocorre por alterações morfológicas e/ou funcionais na orelha externa e/ou média (cavidade timpânica); é a perda ou a diminuição da capacidade de "conduzir" o som até a orelha interna (labirinto);

- *Surdez neurossensorial*: ocorre por alterações na orelha interna, no labirinto, em particular na cóclea, e causa perda ou diminuição da capacidade de perceber o som. Caso a lesão também ocorra no vestíbulo, o equilíbrio poderá estar comprometido.

Qualquer que seja o tipo de surdez, as alterações poderão ocorrer, em maior ou menor grau, dependendo da gravidade da lesão, nas seguintes funções: comunicação, estado de atenção, percepção do espaço, aprendizagem e percepção de tempo (sucessão de eventos/ordenação). O surdo, muitas vezes, escuta, mas não compreende o que está escutando, e isso pode desencadear irritação, frustração, curiosidade e desmotivação, que podem interferir em seu desenvolvimento cognitivo e psicológico.

Tipos de surdez

Tabela 1.1 – Tipos de surdez

Tipos de surdez	Perda em decibéis	Consequência
Leve	Entre 20 e 40 db Entre 40 e 60 db	Impedimento da percepção da palavra (em tom normal)
Moderada ou média	Entre 40 e 70 db Entre 60 e 70 db	A palavra deverá ser emitida com tom muito forte, para que seja percebida
Severa	Entre 70 e 90 db	A compreensão da palavra dependerá de uso de metodologia adequada
Profunda	Acima de 90 db	Impedimento da percepção da voz humana e não aprendizagem da fala

Fonte: Craft apud Winnick (1995).

Surdez leve

No que se refere aos surdos leves, o uso da prótese auditiva em crianças e adultos fará que vençam as dificuldades iniciais, desde que devidamente estimulados e acompanhados por profissionais.

Surdez moderada ou média

Para os moderados, ambientes não ruidosos, pistas visuais, próteses, acompanhamento especializado e clínico favorecem a adequação necessária para a educação escolar.

Surdez severa

A orientação para os severos deverá ser especializada e acompanhada, permanentemente, em ambiente propício ao seu desenvolvimento. Assim, sua compreensão verbal dependerá da utilização de metodologias baseadas na observação de situações de comunicação. Escolas especializadas ou classes especiais, com profissionais de formação diversificada, permitirão que essas pessoas venham a adquirir linguagem e compreensão das situações que vivenciam.

Surdez profunda

Sendo os mais comprometidos auditivamente, os surdos profundos exigem o atendimento por profissional especializado. Professores de Educação Física e/ou de Educação Física Adaptada, conhecendo este tipo de surdez, poderão colaborar muito no levantamento de indicadores e na sugestão de atividades para um planejamento multidisciplinar, em conjunto com outros profissionais.

Consequências

Algumas características da criança surda são:

- Indiferença total ao som, fácil de ser percebida;
- Ausência de respostas a perguntas verbais;
- Expressão facial pobre;
- Gestos e movimentos bruscos e gritos como forma de expressão;
- Atenção visual significativa;
- Frustração;
- Irritabilidade;
- Isolamento social;
- Dificuldade de concentração.

Podem também estar presentes:

- Sentimento de inferioridade;
- Dificuldades ao ajustamento social, principalmente com pessoas ouvintes;
- Ansiedade.

A pessoa surda apresenta como limitação, na maioria das vezes, a comunicação pela palavra falada, mas também outras formas de comunicação eficientes para a interação com essa pessoa, como:

- *Datilologia*: comunicação por meio das mãos, com alfabeto próprio;
- *Linguagem dos sinais*: com sinais próprios para cada palavra (Linguagem Brasileira de Sinais – LIBRAS);
- *Oralismo*: caracterizado pela leitura labial;
- Comunicação total.

Deficiência visual

Conceitos

> A deficiência visual é caracterizada por perdas parciais ou totais da visão, que após a melhor correção ótica ou cirúrgica, limitem seu desempenho normal. (Melo, 1991)

Segundo Oliveira Filho (2003), as anomalias no sistema de visão resultam em limitação ou incapacidade para o desempenho normal das pessoas em função de atividades diretas e indiretas, pois vivemos em um mundo não só de informações visuais, mas também de estímulos visuais intensos. Pode-se, então, definir a deficiência visual como "um impedimento total ou a diminuição da capacidade visual decorrente de imperfeição no órgão ou no sistema visual" (São Paulo, 1993).

É fundamental entender as características inerentes à capacidade visual e também os fatores associados à falta de visão, como falta de estímulos, baixo repertório motor, sedentarismo, obesidade, dificuldade de relaxamento, tônus muscular elevado (principalmente em virtude da insegurança na marcha), pouca flexibilidade, inibição motora, baixa resistência física etc. Essas características devem ser consideradas no processo de avaliação dessa população.

Segundo Hugonnier-Clayette (1989), a capacidade visual humana abrange a visão binocular, a visão das cores, a adaptação às diferentes luminosidades e a capacidade de resistência à ofuscação, além da acuidade visual (nitidez visual) e do campo visual (amplitude da visão). O campo visual do homem é de 180°.

- *Binocularidade*: é a capacidade de fusão da imagem proveniente de ambos os olhos em convergência ideal, o que proporciona a noção de profundidade, ou seja, a percepção da relação entre diferentes objetos e sua disposição no espaço;
- *Sensibilidade à luz*: depende do nível de pigmentação da coroide (camada média do olho) e da coloração da íris. A visão para cores depende da integridade funcional da retina.

As disfunções que podem alterar a visão são diversas. A seguir, faremos considerações a respeito das principais alterações.

A perda da visão binocular implica perda da visão do relevo e distúrbios na avaliação das distâncias, o que pode acarretar um trauma para atiradores, arremessadores etc. e causar grandes dificuldades para o exercício de certas atividades, como subir degraus, saltar obstáculos, alcançar objetos (bolas, bastões etc.) e lançar objetos em locais predeterminados (Oliveira Filho, 2003).

Os distúrbios da visão para cores e de percepção de luz vão desde as discromatopsias congênitas (ausência total da visão das cores) ao daltonismo. Os do sentido luminoso vão do albinismo (sensibilidade excessiva à luz) à cegueira (sensibilidade à baixa luminosidade). Oliveira Filho (2003) alerta que não se deve, por exemplo, oferecer a um albino uma bola muito clara, em uma quadra clara, sob um dia também muito claro, ou levar um portador de cegueira noturna (hemeralopia) a explorar materiais escuros em locais de fraca luminosidade. Cuidados semelhantes deverão ser observados nos portadores de hipermetropia forte, que prejudica a visão de longe ou mesmo para ver de perto, em se tratando de crianças. Esses casos exigem estratégias diferenciadas para a avaliação.

No entanto, é comum a presença de algumas dificuldades, como a percepção de traços, representações tridimensionais, profundidade, movimento, objetos ou materiais situados sobre fundos similares, objetos com pouca luz e detalhes (Oliveira Filho, 2003).

Classificação

Podemos considerar a deficiência visual sob três aspectos:

- *Legal*: oferece garantias ao deficiente, estabelecendo seus direitos como cidadão;
- *Educacional*: a classificação está vinculada, de forma genérica, à alfabetização;

- *Esportiva*: os deficientes visuais são classificados em: B1, B2 e B3 (B = *blind* = cego), com fundamento nas regras da Internacional Blind Sport Association IBSA (1993).

  - *B1*: nenhuma percepção de luz, em qualquer dos olhos, até a percepção de luz, com incapacidade de reconhecer o formato de uma mão, em qualquer distância ou direção;
  - *B2*: capacidade de reconhecer o formato de uma mão até a acuidade visual de 2/60 (pés) e/ou campo visual menor que cinco graus;
  - *B3*: acuidade visual acima de 2/60 (pés) até a acuidade visual de 6/60 e/ou campo visual de mais de cinco graus e menos de vinte graus.

> Todos os deficientes visuais, considerando o melhor olho, com a melhor correção, ou seja, todos os atletas que utilizam lentes de contato ou lentes corretivas deverão usá-las para enquadramento nas classes, quer pretendam competir usando-as, ou não. (IBSA, 1993)

A classificação esportiva dá um parâmetro de possibilidades que podem ser desenvolvidas com o atleta.

As habilidades motoras da pessoa cega ou com baixa visão estão comprometidas, principalmente nas alterações congênitas, e devem, nesse caso, ser trabalhadas desde criança. A falta de um modelo visual de movimento associada, na maioria das vezes, a poucos estímulos motores durante a infância e a insegurança proporcionada pela alteração da visão tornam o deficiente visual uma pessoa com mobilidade restrita, principalmente em movimentos amplos.

Comunicação

Existem três formas básicas de comunicação com alunos com deficiência visual, segundo Almeida e Oliveira Filho (2001):

- *Comunicação sonora (verbal e não verbal)*: é importante na comunicação verbal estabelecer uma terminologia esportiva de entendimento de todos os alunos/atletas. Essa comunicação também pode ser feita, em algumas atividades, por meio de sinais sonoros, como bater palmas, emitir um som por um apito ou um som vocal;
- *Comunicação tátil direta*: pode ser feita entre professor–aluno, ou seja, o professor tocará o aluno para ensinar o movimento, o que pode ser feito, também, aluno–aluno;
- *Comunicação tátil indireta*: o aluno acompanha o movimento feito pelo professor, tocando-o durante o exercício.

Devemos usar preferencialmente a comunicação verbal.

Deficiência intelectual

Conceito

Atraso intelectual

> refere-se a limitações substanciais em certas capacidades pessoais e manifesta-se como um significativo funcionamento intelectual abaixo da média, coexistindo com maiores dificuldades relacionadas com 2 ou mais das seguintes áreas de comportamento adaptativo: comunicação, cuidados pessoais, vida doméstica, aptidões sociais, uso comunitário, autonomia, saúde e segurança, funcionalidade acadêmica, lazer e trabalho. (Winnick, 1995)

Comportamento adaptativo (AAMR)

> eficiência ou grau com o qual o indivíduo preenche as normas de independência pessoal e responsabilidade social que são esperadas por idade e por grupo cultural. (Winnick, 1995)

A classificação dos níveis de deficiência intelectual considerando o quociente de inteligência (QI) ainda é utilizada, porém não será considerada por não ser significativa para esse tipo de abordagem.

Características da pessoa com deficiência intelectual

As características a serem apresentadas podem estar mais ou menos acentuadas, dependendo do grau de comprometimento da pessoa.

Os aspectos apresentados a seguir mostram algumas alterações que podem ocorrer e devem ser consideradas ao realizarmos uma avaliação com deficientes intelectuais:

- *Cognitivo*: a dificuldade de abstração, entendimento de sequência de jogadas, regras do jogo, tomada de decisão, atenção seletiva etc.;
- *Emocional*: instabilidade, insegurança, baixa autoestima e autoconceito, apatia, agressividade, ansiedade, medo etc.;
- *Motor*: atraso no desenvolvimento motor, incoordenação, pouca agilidade, dificuldade no controle de força, ritmo, equilíbrio, direção, lateralidade etc.;
- *Social*: prejuízo na interação social, discriminação e isolamento social, dependendo do nível de comprometimento cognitivo e emocional.

O trabalho com pessoas com deficiência intelectual tem maiores implicações cognitivas, e as estratégias para a avaliação devem ser adaptadas, de forma que a sequência do teste que está sendo ensinado deve ser decomposta em passos simples; movimentos complexos devem ser ensinados passo a passo e repetidos.

O nível de atenção e interesse de alunos com deficiência intelectual, muitas vezes, está comprometido, e esse fato deve ser observado, porque a alteração de estratégias com a utilização de demonstrações e elogios às tentativas e ao bom desempenho revelam-se, na maioria das vezes, procedimentos eficientes.

Deficiência físico/motora

Conceito

A deficiência físico/motora ocorre por alteração do aparelho locomotor ou do sistema nervoso que compromete o movimento. Essa alteração pode ser de caráter genético, congênito ou adquirido.

Entre as de origem genética, podemos mencionar a distrofia muscular progressiva e as alterações no aparelho locomotor (ossos, articulações e músculos) e no sistema nervoso, que ocorrem em quadros de síndromes genéticas. As alterações congênitas, como dismelias (ausência de parte de um membro), amelias (ausência de todo membro), luxações congênitas e malformações ósseas (como a espinha bífida), ocorrem durante o desenvolvimento do feto, e a maioria não tem caráter genético. As alterações adquiridas podem ter origem traumática, sendo as mais frequentes a lesão medular por trauma na coluna vertebral e as amputações. As mielopatias (como a esclerose múltipla), os tumores e as infecções, assim como os distúrbios vasculares (como os acidentes vasculares cerebrais), que atingem o sistema nervoso, também levam às alterações motoras. Ao considerarmos, ainda, as lesões do sistema nervoso, a paralisia cerebral aparece com relativa frequência.

Quadros clínicos mais comuns de deficiências físico/motoras

Em razão do enfoque deste capítulo, faremos considerações gerais sobre as deficiências físico/motoras que apresentam maior incidência em nossa população: paralisia cerebral (encefalopatia crônica da infância), lesão medular e acidente vascular cerebral.

Considerações sobre a paralisia cerebral (encefalopatia crônica da infância)

A paralisia cerebral caracteriza-se basicamente por alteração do tônus muscular, da postura e do movimento, que são persistentes, mas não imutáveis. É um quadro que se estabelece antes, durante ou após o nascimento, durante o desenvolvimento do sistema nervoso, até os 3 anos de idade, decorrente de lesão não progressiva. Podem estar associados à paralisia cerebral outros distúrbios: sensoriais, perceptivos, afetivos e intelectuais, lembrando que a alteração motora é a principal característica do quadro.

Dependendo da localização das lesões e das áreas do cérebro, as manifestações podem ser diferentes.

Espástica

Com incidência em torno de 73%, neste tipo, há perda do controle motor voluntário, hipertonia seletiva (musculatura flexora, adutora e pronadora nos membros superiores e extensora, adulto nos membros inferiores) e dificuldade de realizar movimentos precisos. Neste quadro, encontramos:

- *Paraplegia*: as extremidades inferiores são mais atingidas que as superiores;
- *Tetraplegia*: o corpo todo está comprometido; a distribuição é muito assimétrica, um lado sendo mais envolvido que outro e os membros superiores sendo mais afetados que os inferiores;
- *Hemiplegia*: há comprometimento em um lado do corpo.

Atetoide

Esse tipo de paralisia cerebral produz torções ou contorções nos membros e na face (caretas), causando dificuldade na fala e na deglutição. Cerca de 13% dos portadores de paralisia cerebral estão neste grupo.

Atáxica

A lesão encontra-se no cerebelo ou nas vias cerebelares. Este tipo mostra um tônus instável e flutuante que pode variar amplamente. Há dificuldade para se equilibrarem movimentos rítmicos dos olhos (nistagmo) com descoordenação dos movimentos, podendo haver movimentos trêmulos das mãos e fala comprometida. A incidência deste tipo de paralisia cerebral é menor.

Distúrbios associados à paralisia cerebral

Epilepsia, deficiência intelectual, deficiência visual, dificuldades de aprendizagem, dificuldades na fala e deglutição etc.

Considerações sobre a lesão medular

Segundo o Censo do IBGE (2000), 900 mil pessoas apresentam paralisia por lesão medular no Brasil, o que demanda atenção por parte dos suportes sociais envolvidos com essa população. A faixa etária com maior incidência está entre 18 e 40 anos, e há um predomínio no sexo masculino (5:1), sendo o trauma a causa mais comum. As causas não traumáticas ocorrem por alterações vasculares, tumores, doenças desmielinizantes-sistêmicas (como esclerose múltipla) ou infecciosas. A gravidade do quadro clínico depende do nível de lesão; quanto mais alta for a lesão, maior o comprometimento apresentado. As lesões acima do nível ósseo L1 levam à paralisia espástica (hipertonia muscular), já as lesões abaixo desse nível levam à paralisia flácida (hipotonia ou atonia muscular).

De forma simplificada, podemos considerar duas categorias de comprometimento: as lesões altas (cervicais), em que ocorrem as tetraplegias (paralisia nos quatro membros e comprometimento na musculatura da respiração), e as paraplegias (paralisia dos membros inferiores), que podem apresentar espasticidade ou flacidez, dependendo do nível de lesão. De qualquer forma, as disfunções sensitivo-motoras, sexuais e autonômicas estão sempre presentes. Nas lesões altas, é fundamental o trabalho respiratório, visto que a musculatura torácica responsável pela respiração se encontra paralisada e somente o diafragma atua no movimento respiratório. Algumas particularidades, também presentes em pessoas com lesão medular, devem ser conhecidas pelo profissional que trabalha com elas: escaras, disreflexia autonômica, calcificações para-articulares etc.

Escaras são lesões cutâneas (feridas) que ocorrem com frequência, em razão da pressão da pele sobre regiões em que há proeminência óssea (cotovelo, região sacral, maléolos, trocânter do fêmur etc.) e como são insensíveis, a pessoa não percebe a lesão, que aumenta e infecciona. Sua cura, em muitos casos, requer procedimento cirúrgico, que demanda internação e longo período de recuperação, comprometendo o programa de treinamento esportivo. É necessário, assim, observar a boa acomodação na cadeira de rodas durante a prática esportiva, evitando pressão em locais suscetíveis à formação de escaras.

Disreflexia autonômica é um distúrbio do sistema nervoso autônomo, em que ocorre uma reação simpática (aumento do batimento cardíaco, sudorese etc.) desencadeada, quase sempre, pelo aumento do volume urinário. Nessa situação, é necessário fazer urgentemente o esvaziamento da bexiga, recorrendo à sonda vesical, na maioria das vezes.

Calcificações para-articulares são pontos de calcificação que ocorrem ao redor de articulações e que devem ser evitados com exercícios fisioterápicos desde a fase aguda da lesão, para não ocorrer limitação de movimento.

Considerações sobre o acidente vascular cerebral

O termo designa alteração em vasos sanguíneos do cérebro que podem causar hemorragia ou isquemia (falta de irrigação) no tecido nervoso, lesando áreas encefálicas que, em geral, estão relacionadas às vias motoras, levando a quadros de hemiplegia (paralisia em metade do corpo). No entanto, as pessoas podem apresentar, ainda, associados ao quadro motor, alterações emocionais, *deficits* cognitivos e perceptivos, epilepsia, alterações de fala e linguagem (quando a hemiplegia é do lado direito) e dificuldades de realizar tarefas perceptivas (quando a hemiplegia é do lado esquerdo).

2
Classificação das deficiências

Luiz Marcelo Ribeiro da Luz
Luciana Zan de Oliveira
Fábia Freire da Silva

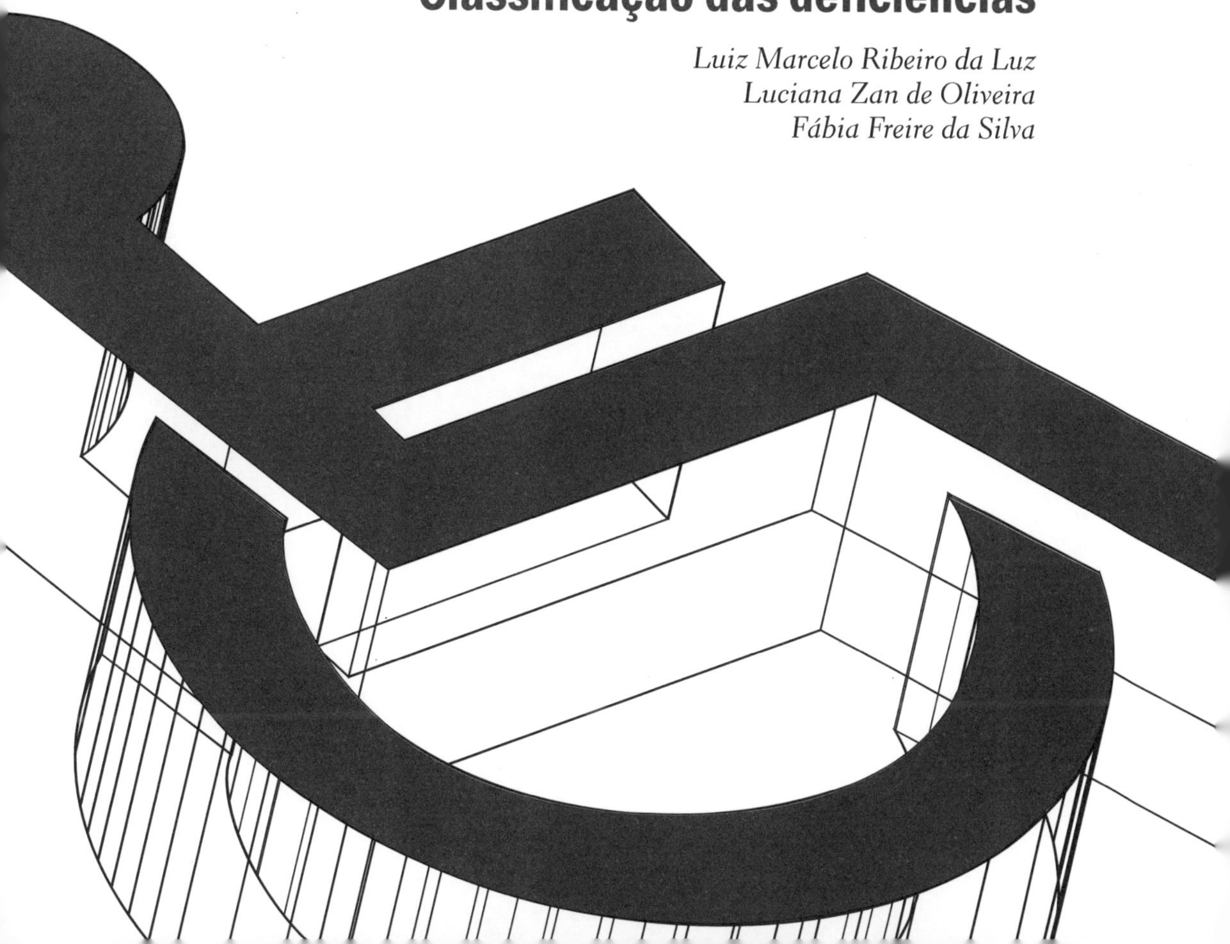

Este capítulo detalha as classificações das deficiências, importantes na construção ou validação de testes motores.

Classificação funcional para deficiência física

Amputações (membros superiores e inferiores)

Quadro 2.1 – Tipos de amputações

A1	Amputação das pernas acima, abaixo ou através da articulação do joelho. Utiliza-se cadeira para competição; Amputação de uma perna acima, abaixo ou através da articulação do joelho. Utiliza-se cadeira para competição.
A2	Amputação das pernas acima, abaixo ou através da articulação do joelho. Utiliza-se prótese para competição; Amputação de uma perna acima, abaixo ou através da articulação do joelho. Utiliza-se prótese para competição.
A3	Amputação dos braços acima ou através do cotovelo; Amputação dos braços abaixo do cotovelo, mas através ou acima do punho.
A4	Amputação de um braço acima do cotovelo; Amputação de um braço abaixo do cotovelo, mas através ou acima do punho.
A5	Combina amputação de membros superiores e inferiores. Utiliza-se cadeira para competição.

Observações

- Cuidados com o coto;
- Alterações posturais e de equilíbrio.

Classificação da lesão medular

Quadro 2.2 – Sistema de classificação funcional utilizado no basquetebol

Classificação	Nível da lesão
Classe I	Acima de T7
Classe II	T8 – L1
Classe III	L2 – L5
Classe IV	S1 – S2

Referências para a classificação da lesão muscular

- Todas as lesões cervicais com tetraplegia completas ou incompletas, que envolvam as duas mãos, fraqueza do tríceps braquial, severa fraqueza de tronco e membros inferiores, interferindo significativamente no equilíbrio de tronco e habilidade de marcha;
- Todas as lesões cervicais com tetraplegia completas ou incompletas, que envolvam membros superiores, mas preservem normal ou boa função do tríceps braquial, mas com fraqueza generalizada de tronco e membros inferiores, interferindo no equilíbrio de tronco e na habilidade de marcha;
- Todas as lesões cervicais com tetraplegia completas ou incompletas, que envolvam membros superiores, mas preservem normal função de tríceps, boa flexão e extensão de dedos, sem função intrínseca das mãos, fraqueza generalizada do tronco e membros inferiores, interferindo no equilíbrio de tronco e na habilidade de marcha;
- Paraplegia completa ou incompleta abaixo de T1 a T5 ou deficiência equivalente com paralisia abdominal total, não funcional equilíbrio sentado;
- Paraplegia completa ou incompleta abaixo de T5 a T10 ou deficiência equivalente com significante musculatura abdominal superior e musculatura extensora com algum equilíbrio de tronco sentado;

- Paraplegia completa ou incompleta abaixo de T10 a L2 ou deficiência equivalente sem ou com fraca força de quadríceps; paralisia de glúteo;
- Paraplegia completa ou incompleta abaixo de L2 ou deficiência equivalente.

Observações

Deve-se dar atenção especial a:

- Termorregulação;
- Úlceras de pressão;
- *Boosting* (apoios);
- Diminuição do retorno venoso;
- FCmáx (tetras).

Sequelas de poliomielite

Utiliza-se a mesma classificação da lesão medular.

Características

- Redução da força muscular;
- Paralisia flácida;
- Síndrome pós-pólio.

Classificação funcional de atletas com paralisia cerebral (PC) (CP-ISRA – Manual 1997-2000)

Quadro 2.3 – Perfil funcional dos atletas com paralisia cerebral

PC1	*Tetraplégico*: utiliza cadeira de rodas elétricas para locomoção ou é dependente de auxílio; tem severo comprometimento dos quatro membros, apresentando controle de tronco ruim e pouca ou quase nenhuma força nos membros superiores. *Tetraplégico*: envolvimento severo a moderado dos quatro membros e do tronco; pouca força funcional e controle da parte superior do corpo; consegue mover a cadeira de rodas manualmente, porém com lentidão; pode impulsionar a cadeira de rodas com os pés.
PC2	*Tetraplégico leve*: boa força funcional e controle moderado dos membros superiores; possui quase toda a força no lado dominante; pode impulsionar a cadeira de rodas com um ou dois braços, mas ainda com certa lentidão. *Diplegia*: envolvimento moderado a severo dos membros inferiores; membros superiores com mínimos problemas de controle e força funcional; utiliza cadeira de rodas na vida diária e nas atividades esportivas de forma independente.
PC3	*Diplegia moderada ou hemiplegia grave*: anda com ou sem muletas; tem boa força funcional e problemas mínimos de controle nos membros superiores; compete em pé. *Tetraplégico atetoide*: envolvimento severo a moderado do tronco e dos quatro membros; anda com auxílio de muletas ou andador; pode utilizar adaptações nas provas de pista de atletismo.
PC4	*Tetraplégico leve e hemiplegia de moderada a mínima*: boa capacidade funcional no lado não afetado; deambula sem auxílio. *Deficiência mínima ou hemiplegia leve ou monoplegia*: problemas de coordenação mínimos; bom equilíbrio; é capaz de correr e saltar.

Observações

- Desordem neuromuscular;
- Alto gasto energético;
- Alteração de tônus.

Classificação esportiva do deficiente visual (DV)

Quadro 2.4 – Classificação esportiva do deficiente visual

B1	Cego total ou com alguma percepção luminosa que não possibilita reconhecer a forma.
B2	Pessoa com percepção de vulto.
B3	Baixa visão, pessoa com definição de imagem.

Observações

- Ambientes ruidosos;
- Cores contrastantes;
- Materiais sonoros (guizos), comunicação (verbal) e sinestesia;
- Observar alterações na coordenação, noção espacial, equilíbrio, lateralidade, marcha e coordenação dinâmica geral.

Quadro 2.5 – Mecanismos de informação (Gorgatti e Costa, 2005)

Auditivas	**Verbal**	**Sinalética**
	Indicações explicativas por meio de palavras.	Qualquer sinalização não verbal, incluindo a vocal.
Táteis	**Direta**	**Indireta**
	Movimento é sugerido (demonstrado) anterior ou simultaneamente.	Sinal a ser interpretado é recolhido do meio.

Classificação da deficiência intelectual (DI) e síndrome de Down (SD) – desenvolvimento das adaptações dos testes motores

- *Classe 1*: realiza tarefas com boa autonomia, sem ajuda de outra pessoa;
- *Classe 2*: realiza tarefas com pouca ou razoável autonomia; necessita de ajuda;
- *Classe 3*: não realiza tarefas sozinho; necessita de ajuda e faz uso de cadeira de rodas.

Referências para a classificação da deficiência intelectual, segundo a redução da capacidade intelectual e as perdas cognitivas e de capacidade adaptativa (Gorgatti e Costa, 2005; Hernández et al., 1999)

- Comunicação;
- Cuidados pessoais;
- Desempenho familiar e habilidades sociais;
- Independência na locomoção;
- Saúde e segurança;
- Desempenho escolar, no trabalho e no lazer.

Recursos para atrair a atenção da pessoa com deficiência intelectual

- Mudança no tom de voz;
- Realização de brincadeiras durante a orientação;
- Apresentação de novidade e desafio;
- Posicionamento adequado do professor;
- Emprego de materiais coloridos ou que emitam sons.

Características a serem observadas na síndrome de Down

- Hipotonia muscular e tendência à obesidade;
- Anomalia cardíaca (40%);
- Instabilidade atlantoaxial (17%).

Material-base para consulta

- USCPAA – United States Cerebrel Palsy Athletic Association;
- DS USA – Disabled Sports USA;
- ISOD – International Sport Organization for Disabled;
- NWAA – National Wheelchair Athletic Association;
- NWBA – National Wheelchair Basketball Association;
- ISMWSF – International Stoke Mandeville Wheelchair Sport Federation.

3

Fundamentos da avaliação motora em Educação Física e Esporte Adaptado

José Irineu Gorla
Fábio Bertapelli
Mateus Betanho Campana
Adriana Nascimento de Souza

O preciso diagnóstico de um problema, situação ou evento estabelece indicadores que possibilitam e asseguram uma intervenção mais criteriosa e bem sucedida, realimentando o ciclo: avaliação/intervenção e intervenção/reavaliação.

José Luiz Rodrigues (apud Gorla e Araújo, 2007)

O tema *avaliação*, em geral, tem sido objeto de várias investigações na Educação Física. Esta tendência está relacionada à necessidade de se avançar nas reflexões acadêmicas que permeiam o tema em estudo. A Educação Física e o Esporte Adaptado também sugestionam no campo da avaliação e, portanto, também é de grande relevância buscar o aprofundamento dos temas que contribuem na compreensão dos fatos em estudo. Uma das grandes dificuldades enfrentadas pelos professores de Educação Física e Esporte Adaptado é a diversidade terminológica usada entre muitos instrumentos de avaliação presente nos estudos com origem nas diferentes escolas superiores, pelos grupos de estudo de pesquisas e pelos editores. Isto constituiu um desafio difícil de se superar, sendo necessário optar por uma terminologia capaz de melhor enquadrar os fatores de uma intenção de estudos em particular. Na realidade, cada termo representa as limitações experimentadas pelas crianças com dificuldades de movimento. Procurou-se mostrar nesse capítulo as terminologias utilizadas nos testes, ressaltando sua organização em uma lista de descrições utilizadas com frequência e de acordo com o interesse revelado em cada temática, em artigos e publicações do mundo todo.

Pensar que a avaliação é o ato final do julgamento, e não um meio para se observar o progresso, algumas vezes, é um engano. Outro conceito crônico é pensar em avaliação como sendo sinônimo de medida, que, na realidade, é apenas uma parte do processo de avaliação.

Para que essas dúvidas sejam esclarecidas, é conveniente conceituar teste, medida e avaliação.

Teste

É um instrumento, um procedimento ou uma técnica usada para obter informação.

- *Forma*: escrito, observação e *performance*;
- *Exemplo*: teste de flexibilidade.

Medida

É o processo utilizado para coletar as informações obtidas pelo teste, atribuindo um valor numérico aos resultados.

- Deve ser precisa e objetiva;
- Pode ser coletada de duas formas: formal e informal;
- *Exemplo*: medida, em centímetros, da flexibilidade.

Avaliação

Determina a importância ou o valor da informação a ser coletada.

Decisão

- Classifica os avaliados, reflete o progresso, indica se os objetivos estão sendo atingidos, indica se o sistema de ensino está satisfatório etc.;
- Faz comparação com algum padrão;
- *Exemplo*: o avaliado é classificado com tendo uma flexibilidade média, boa ou baixa.

Quadro 3.1 – Aspectos relacionados à qualidade das informações (distinção entre testar, medir e avaliar)

Menos abrangente		Mais abrangente
Teste	**Medir**	**Avaliar**
É aplicação prática do instrumento.	É o processo utilizado para coletar as informações obtidas no teste, onde é atribuído um valor.	É dar significado a medida, é uma tomada de decisão; interpretar, diagnosticar.

Fonte: Guedes e Guedes (2006).

Tipos de avaliação

Em geral, quando o termo avaliação é mencionado, pensa-se em administrar testes e atribuir graus aos indivíduos. Como será visto a seguir, a avaliação tem um papel mais amplo do que testar e atribuir graus. Dependendo do objetivo, o avaliador pode lançar mão de três tipos de avaliação: diagnóstica, formativa e somativa.

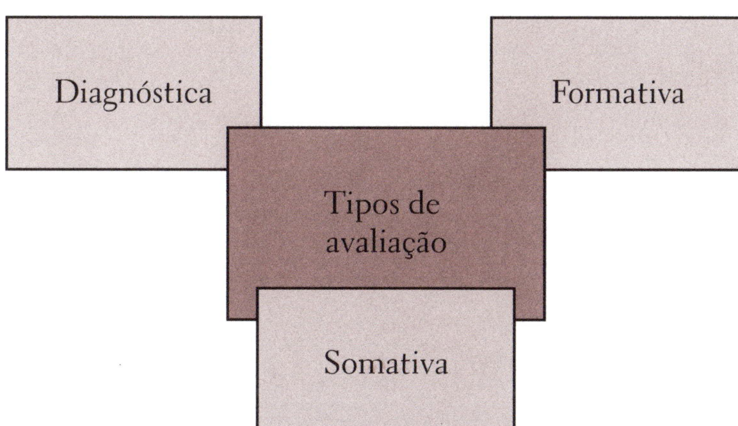

FIGURA 3.1 – Tipos de avaliação.

Diagnóstica

É realizada para conhecermos a situação em que se encontra determinado indivíduo ou grupo em relação a uma ou diferentes variáveis. É realizada no início de um programa e ajuda o profissional a calcular as necessidades dos indivíduos e a elaborar suas intervenções e seu planejamento.

Exemplo: Como está o aluno em determinados aspectos motores?

Formativa

Procura durante todo o decorrer do processo saber informar ao objeto de estudo o que está ocorrendo. É realizada durante o desenvolvimento das atividades de ensino–aprendizagem, dando informações tanto para os avaliados quanto para os profissionais.

Exemplo: Qual a melhora em relação ao estado inicial ou à meta até aquele momento?

Somativa

É a soma de todas as avaliações realizadas no fim de cada unidade do planejamento, com o objetivo de obter o quadro da evolução do indivíduo.

Exemplo: Quanto ele melhorou em relação aos objetivos propostos?

A avaliação implica:

- Julgamento;
- Estimativa;
- Classificação;
- Interpretação.

A *medição* é o principal veículo para se obter informação.

O processo de avaliação integra medidas na aquisição de informação para determinar o grau em que metas educacionais estão sendo alcançadas.

É a aplicação de medidas e a avaliação qualificada para o programa e o aluno, que forma uma base estável para a prática da Educação Física.

> Avaliação é um instrumento que possibilita conhecermos a situação e o desenvolvimento de determinado sistema. (Kiss, 1987)

Razões importantes para os especialistas avaliarem em Educação Física Adaptada

- Os dados da avaliação podem ser utilizados para colocar os indivíduos em programas que irão otimizar o seu aprendizado;
- Os dados da avaliação podem determinar se os indivíduos precisam ser avaliados com mais criteriosidade;
- As avaliações podem identificar os pontos fortes e fracos dos indivíduos;
- A avaliação pode direcionar para o desenvolvimento das metas e objetivos do programa.

Avaliação das potencialidades

Considerações ou sugestões importantes no momento de propor um ponto de partida para planejar uma avaliação:

- Partir das capacidades, não dos *deficits*;
- Oferecer uma variedade de situações para poder realizar observações diversas;
- Utilizar materiais do cotidiano conhecidos pela criança;

- Oferecer à criança uma ampla gama de materiais adaptados e suportes técnicos adequados;
- Tomar um cuidado extremo para não criar situações permanentes de fracasso e frustração;
- Propiciar um ambiente descontraído;
- Buscar a participação da família e de pessoas-chave;
- Ter consciência de que a primeira avaliação deve ser um ponto de partida útil.

Por que avaliar?

- Estabelecer critérios e padrões;
- Escolher formas de ações;
- Verificar a aprendizagem;
- Atribuir valores;
- Diagnosticar;
- Selecionar;
- Motivar;
- Pesquisar;
- Classificar, avaliar um programa.

Cuidados ao avaliar

- Conhecer os testes e os instrumentos;
- Danos físicos;
- Danos psicológicos;
- Todo teste apresenta falhas (toda medida possui erro);
- Usar testes que se aproximem da realidade da modalidade;
- Julgamento profissional (*feeling*).

Como escolher os instrumentos?

- População;
- Objetividade;
- Tamanho do grupo;
- Treinamento;
- Custo x benefício.

Critérios para a seleção de testes

Esta é uma das mais importantes fases do programa de medidas e avaliação. Para que se possa fazer uma seleção adequada dos testes que irão compor a bateria de testes, alguns pontos importantes devem ser levados em consideração.

Os critérios para a seleção de testes são:

- *Validade*: quão bem um teste mede o que se quer medir;
- *Fidedignidade*: grau de consistência dos resultados de um teste em diferentes testagens, utilizando sempre os mesmos indivíduos;
- *Objetividade*: grau de concordância dos resultados do teste entre os avaliadores.

A Tabela 3.1 mostra as referências sobre os coeficientes de correlação momento-produto(r_{xy}) para a interpretação de validação de instrumentos de medida na área da educação física.

Tabela 3.1 – Parâmetro para a seleção dos testes

	Validade	Fidedignidade	Objetividade
Excelente	0,80 – 1,00	0,90 – 1,00	0,95 – 1,00
Bom	0,70 – 0,79	0,80 – 0,89	0,85 – 0,94
Regular	0,50 – 0,69	0,60 – 0,79	0,70 – 0,84
Fraco	0,00 – 0,49	0,00 – 0,59	0,00 – 0,69

Fonte: Safrit (1981).

Estratégias de avaliação

Estratégias padronizadas

Geralmente, envolvem o teste dos alunos em ambientes controlados. Alunos com características semelhantes são testados exatamente da mesma forma, sob as mesmas condições.

Estratégias alternativas

Sugerem que a avaliação autêntica seja uma abordagem que relaciona estreitamente a avaliação do ensino (de forma a ser aplicável no cotidiano do professor) e acontece em ambientes "naturais" (não invasivos). A avaliação autêntica procura medir diretamente as habilidades que os alunos precisam para participar com sucesso da atividade física, enfatizando a avaliação subjetiva mediante a observação.

Anotações oferecem um mecanismo para que o professor enquadre o desempenho do aluno em determinado nível de êxito (entre os vários possíveis), por meio de um conjunto de critérios específicos. A análise da tarefa é uma técnica que "envolve a decomposição de habilidades em passos menores e ordenados em sequência" (Lieberman e Houston-Wilson, 2002), e o *portfolio* é a documentação da aprendizagem do aluno por meio de relatórios e amostras de trabalho (fitas de vídeo, resultados de testes, avaliações de colegas, escalas de classificação, listas de verificação, diários, registros etc.).

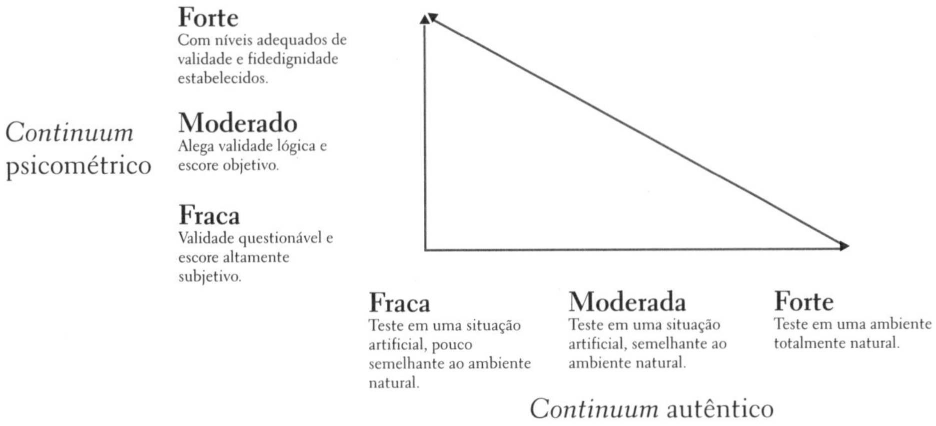

FIGURA 3.2 – Relação entre as propriedades autênticas e as psicométricas dos testes na Educação Física Adaptada (Winnick, 2004).

Variáveis antropométricas: modificação dos testes para pessoas com deficiência (Winnick e Short, 2001; Pitetti, 1993)

Dobras cutâneas

- Só medir dobras cutâneas onde houver função muscular;
- A base de interpretação dos dados deve ser adaptada se houver alterações da musculatura ou da densidade óssea;
- Melhor utilizar teste e reteste para interpretação das modificações;
- Não tomar medidas em locais com escaras, que tenham tomado injeções repetidamente ou que tenham atrofia muscular;
- Ensaiar antes com o avaliador e o avaliado. Será benéfico para ambos esclarecerem as dúvidas dessa forma.

Estatura

- Medidas com próteses, órteses, muletas etc., devem ser estudadas caso a caso;
- O avaliado pode se deitar em tapete e ser medido com fita métrica;
- Pessoas com paralisia cerebral com espasticidade podem ser medidos por segmentos, e depois somam-se os resultados;
- Se possível, medir também na postura vertical.

Estatura supina

É empregada somente em crianças menores de 2-3 anos ou em avaliado de qualquer idade com algum tipo de deficiência que o impossibilite de se colocar em posição ortostática, como os paraplégicos. É a "distância observada entre dois planos que tangenciam o vértex (ponto mais alto da cabeça) e a planta dos pés" (Guedes e Guedes, 2006).

Peso (Winnick e Short, 2001; Pitetti, 1993)

- Pesar com próteses, órteses etc. e depois pesar este equipamento separadamente para descontar do peso total;
- No caso de cadeira de rodas, utilizar o procedimento anterior ou uma balança adaptada;
- No caso dos amputados, soma-se 1/8 do peso total para amputações abaixo do joelho, 1/9 para amputações acima do joelho e 1/6 para amputações no nível do quadril para cada perna;
- No caso de dupla amputação mede-se até o coto ou estima-se pelo tamanho do coto.

4
Idade milesimal

Aline Vidal Maia
Cleci Parizotto
Magda Jaciara Andrade de Barros

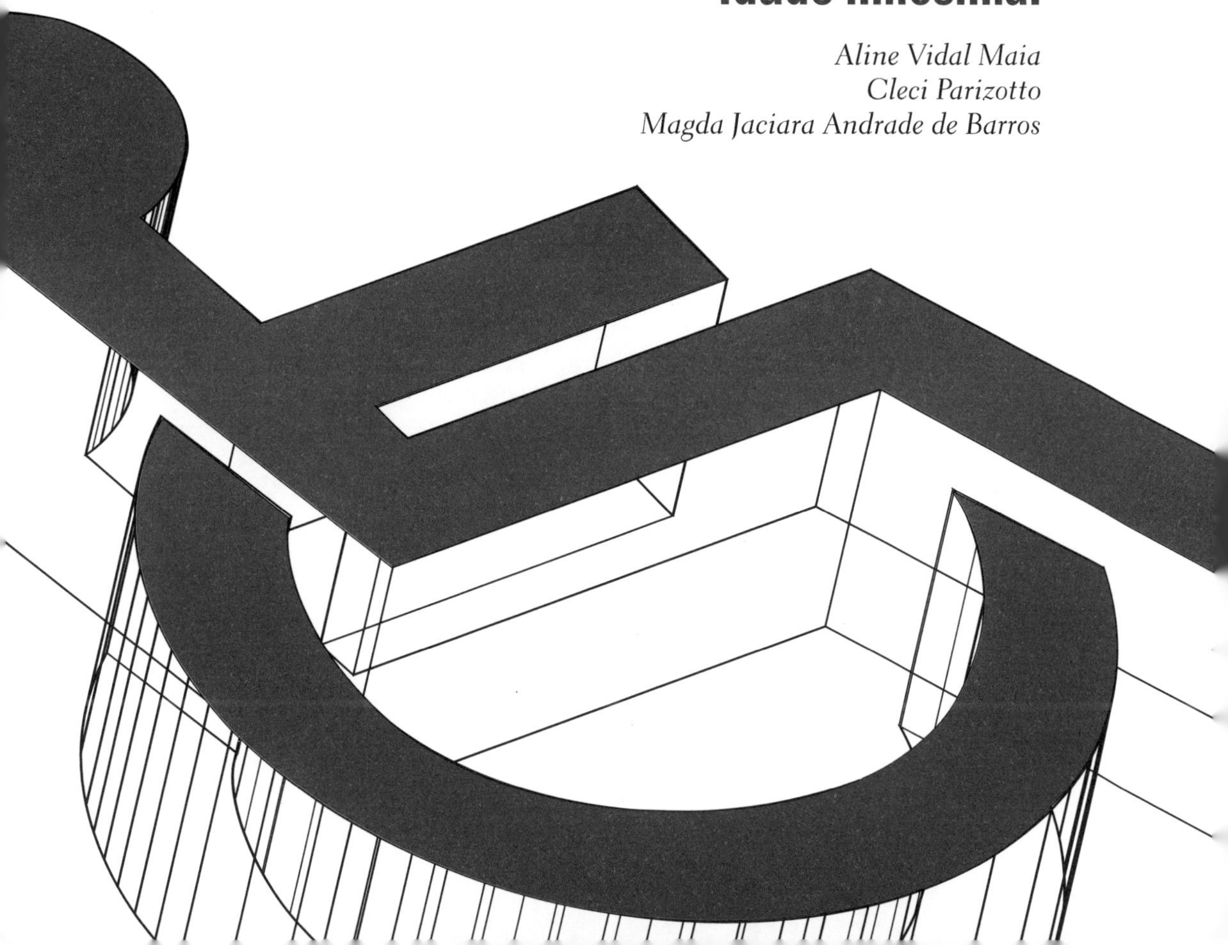

Idade milesimal

É de grande importância ter conhecimento da idade exata do indivíduo, pois, especificamente quando lidamos com crianças, o monitoramento do crescimento físico e das medidas de estatura e de peso corporal são dados importantes para uma avaliação antropométrica (Healy, 1981).

Para conhecer a idade milesimal, é necessário descobrir a idade cronológica correta de um indivíduo. Com essa informação, a avaliação antropométrica será mais fidedigna para o resultado. A identificação dessa idade será feita por meio de tabelas padronizadas ou cálculos matemáticos (Guedes e Guedes, 2006).

Tabelas padronizadas

Essas são tabelas em que o ano é dividido em frações milesimais, e cada data corresponde à milionésima parte do ano. Os dados importantes para a realização do teste são as datas da avaliação e a de nascimento do indivíduo, nas quais os dias estão expressos na vertical e os meses, na horizontal (Tabela 4.1).

Tabela 4.1 – Tabela milesimal da idade

	JAN	FEV	MAR	ABR	MAI	JUN	JUL	AGO	SET	OUT	NOV	DEZ
01	000	085	162	247	329	414	496	581	666	748	833	915
02	003	088	164	249	332	416	499	584	668	751	836	918
03	005	090	167	252	334	419	501	586	671	753	838	921
04	008	093	170	255	337	422	504	589	674	756	841	923
05	011	096	173	258	340	425	507	592	677	759	844	926
06	014	099	175	260	342	427	510	595	679	762	847	929
07	015	101	178	263	345	430	512	597	682	764	849	932
08	019	104	121	266	348	433	515	600	685	767	582	934
09	022	107	184	268	351	436	518	603	688	770	855	937
10	025	110	186	271	353	438	521	605	690	773	858	940
11	027	112	189	274	356	441	523	608	693	775	860	942
12	030	115	192	277	359	444	526	611	696	778	863	945
13	033	118	195	279	362	447	529	614	699	781	866	948
14	036	121	197	282	364	449	532	616	701	784	868	951
15	038	122	200	285	367	452	534	619	704	786	871	953
16	041	126	203	288	370	455	537	622	707	789	874	956
17	044	129	205	290	373	458	540	625	710	792	877	959
18	047	132	208	293	375	460	542	627	712	795	879	962
19	049	134	211	296	378	463	545	630	715	797	882	964
20	052	137	214	299	381	466	548	633	718	800	885	967
21	055	140	216	301	384	468	551	636	721	803	888	970
22	058	142	219	304	386	471	553	638	723	805	890	973
23	060	145	222	307	389	474	556	641	726	808	893	975
24	063	148	225	310	392	477	559	644	729	811	896	978
25	066	151	227	312	395	479	562	647	731	814	899	981
26	068	153	230	315	397	482	564	649	734	816	901	984
27	071	156	233	318	400	485	567	652	737	819	904	986
28	074	159	236	321	403	488	570	655	740	822	907	989
29	077	–	238	323	405	490	573	658	742	825	910	902
30	079	–	241	326	408	493	575	660	745	827	912	905
31	082	–	244	–	411	–	578	663	–	830	–	907

Fonte: Healy (1981).

Exemplo

- *Data da avaliação*: 23 de junho de 2007
- *Data do nascimento do avaliado*: 02 de janeiro de 1986

Logo:

- 23 de junho de 2007 = 2007,474
- 02 de janeiro de 1986 = 1986,003

Para saber a idade milesimal, subtrai-se:

- 2007,474 – 1986,003 = 21,471 anos

Portanto, a idade cronológica do indivíduo avaliado na forma milesimal é 21,471 anos, ou seja, 21 anos.

Cálculos numéricos

Existem dois itens a serem observados antes de se realizarem os cálculos.

Um dos itens é a quando a data da avaliação apresentar maior fração milesimal que a data de nascimento do avaliado.

Exemplo

- *Data da avaliação*: 23 de junho de 2007
- *Data do nascimento do avaliado*: 02 de janeiro de 1986

$$\text{Fração 1} = \frac{(23-1) + 30{,}3\,(6-1)}{365} = 0{,}475$$

$$\text{Fração 2} = \frac{(2-1) + 30{,}3\,(1-1)}{365} = 0{,}002$$

- *Fração 1 – Fração 2 = Fração idade*
  0,475 – 0,002 = 0,473

- *Ano da avaliação – Ano do nascimento = Cálculo da quantidade de anos*
  2007 – 1986 = 21 anos

- *Anos + Fração idade = Cálculo da idade milesimal*
  21 + 0,473 = 21,473 anos

O outro item é quando a data da avaliação apresentar uma fração milesimal menor que a data de nascimento do avaliado:

Exemplo

- *Data da avaliação*: 18 de março de 2003
- *Data do nascimento do avaliado*: 27 de julho de 1990

$$\text{Fração 1} = \frac{(18 - 1) + 30{,}3\ (3 - 1)}{365} = 0{,}212$$

$$\text{Fração 2} = \frac{(27 - 1) + 30{,}3\ (7 - 1)}{365} = 0{,}569$$

- *(1 – Fração 2) + Fração 1 = Fração idade*
  (1 – 0,569) + 0,212 = 0,643

- *(Ano da avaliação – Ano do nascimento) – 1 = Cálculo da quantidade de anos*
  (2003 – 1990) – 1 = 12 anos

- *Anos + Fração idade = Cálculo da idade milesimal*
  12 + 0,643 = 12,643 anos milesimais, portanto 13 anos

Observações

- O arredondamento da fração deverá ser sempre na terceira casa depois da vírgula;
- O indivíduo que tiver a fração milesimal da idade entre 0,000 e 0,499 terá idade cronológica igual. Exemplo: idade milesimal = 13,256; portanto, 13 anos;
- O indivíduo que tiver a fração milesimal da idade entre 0,500 e 0,999 terá idade cronológica com um ano a mais. Exemplo: idade milesimal = 13,674; portanto, 14 anos.

5
Testes

José Irineu Gorla
Adriana Nascimento de Souza
Fábio Bertapelli
Fábia Freire da Silva
Fernando Ruiz Fermino
Luiz Marcelo Ribeiro da Luz
Luciana Zan de Oliveira
Mateus Betanho Campana

Neste capítulo, desenvolvemos as adaptações de vários testes motores para cada tipo de deficiência. Alguns testes são utilizados em populações de atletas e outros são desenvolvidos especificamente para determinada área da deficiência. Esses testes contribuirão para as mais diversas tomadas de decisão dos profissionais que atuam na área da Educação Física e do Esporte Adaptado.

Medidas da potência anaeróbia (Guedes e Guedes, 2006)

Teste de corrida de 40 segundos

Objetivo

Medir indiretamente a potência anaeróbia total (alática + lática).

Equipamentos

- Pista demarcada metro a metro ou de 10 em 10 metros;
- Dois cronômetros de precisão;
- Folha de protocolo;
- Trena.

Procedimento

O avaliador A posiciona-se na linha de início do teste, e o avaliador *B*, em torno dos 250 metros. O avaliado deve percorrer, correndo, a maior distância possível no período de 40 segundos. No comando do avaliador, o avaliado inicia o teste e o cronômetro é disparado pelos dois avaliadores. O avaliador *B* deve estar o mais próximo possível do avaliado no momento dos 40 segundos que será anunciado pelo avaliador A. Nesse momento, o avaliador *B* deve observar o último pé do avaliado que está em contato com o chão, devendo esse ponto ser assinalado como referência. Com auxílio de uma trena, é verificada a distância percorrida.

Adaptações

- *Deficiência visual*: uso de guia quando necessário e sinal sonoro para o início e o fim do teste;
- *Deficiência auditiva*: bandeira para o início e o fim do teste;
- *Deficiência intelectual*: ensaios prévios e ênfase na demonstração;
- *Deficiência física*:
  - *Amputação de membros inferiores*: uso de cadeira de rodas ou próteses;
  - *Amputação de membros superiores*: segue o protocolo tradicional.

Medidas da potência aeróbia (Klissouras, 1973)

Teste de 1.000 metros

Objetivo

Avaliar o VO_2máx.

Equipamentos

- Pista de 1.000 metros;
- Cronômetro;
- Ficha de avaliação.

Procedimento

Percorrer, no menor espaço de tempo possível, sem interrupção e em ritmo constante, a distância de 1.000 metros.

Equação para a predição do VO_2máx a partir do tempo gasto para percorrer a distância estipulada

$$VO_2\,\text{máx (ml/kg/min)} = \frac{652{,}17 - T\ \text{(tempo em segundos)}}{6{,}762}$$

(*T* é o tempo levado para percorrer a distância estabelecida.)

Adaptações

- *Deficiência visual*: uso de guia quando necessário e sinal sonoro para o início e o fim do teste;
- *Deficiência auditiva*: bandeira para o início e o fim do teste;
- *Deficiência intelectual*: ensaios prévios e ênfase na demonstração;
- *Deficiência física*:
  - *Amputação de membros inferiores*: uso de cadeira de rodas ou próteses;
  - *Amputação de membros superiores*: segue o protocolo tradicional.

Caminhada/corrida de 9 a 12 minutos (Queiroga, 2005)

Objetivo

Estimar o VO_2 máx.

Equipamentos

- Pista com dimensões conhecidas possuindo demarcações que permitam a mensuração da distância percorrida com o máximo de exatidão;
- Cronômetro;
- Trena.

Procedimento

Percorrer a maior distância possível, procurando manter o ritmo dentro do tempo determinado.

Equação para a predição do VO_2máx a partir da distância percorrida

$$VO_2\text{máx (ml/kg/min)} = \frac{D - 504{,}094}{44{,}783}$$

(*D* é a distância percorrida.)

Resultados

Considerar a distância percorrida dentro do tempo determinado.

Adaptações

- *Deficiência auditiva*: bandeira para o início e o fim do teste;
- *Deficiência visual*: uso de guia quando necessário e sinal sonoro para o início e o fim do teste;
- *Deficiência intelectual*: ensaios prévios e ênfase na demonstração;

- *Deficiência física*:
  - *Amputação de membros inferiores*: uso de cadeira de rodas ou próteses;
  - *Amputação de membros superiores*: segue o protocolo tradicional.

Observações

- O teste de 9 minutos deverá ser realizado com crianças de até 12 anos;
- No final do teste o avaliador deve se posicionar de maneira que seja facilmente visualizado pelo avaliado, indicando o término do tempo.

Teste de 12 minutos adaptado em quadra para cadeirantes

Equipamentos

- Cadeira de rodas esportiva;
- Quadra com piso duro (madeira, concreto);
- Doze cones;
- Retângulo com medidas de 25 x 15 metros;
- Cronômetro;
- Frequencímetro;
- Esfignomanômetro.

Procedimento

Deve-se demarcar o retângulo com um cone em cada uma de suas extremidades e colocar 2 metros antes de cada vértice um outro cone, perfazendo dois lados com 21 metros de comprimento e dois lados com 11 metros de comprimento, conforme a Figura 5.1, formando um desenho com 75,32 metros de perímetro. Cada lado do retângulo deve ser marcado em cada metro.

FIGURA 5.1 – Esquema do teste de 12 minutos adaptado em quadra para cadeirantes.

Antes do início, deve-se explicar ao avaliado a dinâmica do teste e medir sua frequência cardíaca (FC) e sua pressão arterial (PA). O indivíduo deve, ao sinal sonoro *vai*, iniciar seu deslocamento ao redor do retângulo formado pelos cones, passando entre o cone mais externo e os dois mais internos, de forma a manter o máximo possível sua velocidade.

Ao término dos 12 minutos, o avaliado para onde estiver e mede-se o total percorrido por ele, sua FC e sua PA.

Medidas da força muscular (Marins e Giannichi, 1996)

Impulsão horizontal (Johnson e Nelson, 1979)

Objetivo

Medir a potência dos membros inferiores no plano horizontal.

Equipamento

- Fita adesiva;
- Fita métrica ou trena.

Procedimento

Partindo da posição em pé, pés paralelos e em pequeno afastamento lateral, o avaliado deverá, de trás da linha de partida, saltar a maior distância possível para a frente, com ajuda da flexão das pernas e utilizando o balanço dos braços.

Adaptações

- *Deficiência visual*: descrever o movimento do teste, fracionando-o desde a postura inicial; pés afastados lateralmente na largura do quadril, flexão de joelhos e impulsão por meio do balanço dos braços até a realização completa do salto; o avaliador deve posicionar o avaliado no ponto de partida do teste;
- *Deficiência auditiva*: descrever e demonstrar o teste de forma fracionada, para que o avaliado entenda, utilizando formas de comunicação, como a própria Libras;
- *Deficiência intelectual*: o teste permanece o mesmo. É importante certificar-se que o avaliado compreendeu como realizar o teste; se necessário, repetir a explicação até que ele entenda;
- *Deficiência física*:
    - *Cadeirantes*: não realizam;
    - *Amputação de membros inferiores de ambas as pernas ou unilateral*: o teste pode ser realizado com o auxílio de muletas e/ou próteses;
    - *Amputação de membros superiores*: o teste é aplicado sem variações, porém pode acontecer diminuição do impulso em virtude do balanço dos braços.

FIGURA 5.2 – Posição inicial do salto horizontal.

Puxada em suspensão na barra modificada (Guedes e Guedes, 2006)

Objetivo

Avaliar o componente motor associado à força/resistência dos músculos dos membros superiores e da cintura escapular, com movimento de elevação do corpo em suspensão em uma barra fixa por meio da flexão dos cotovelos.

Equipamentos

- Armação de madeira especialmente construída para que possa haver fixação da barra, com dimensões de 120 x 50 cm na base e caibros de 12 x 8 cm acoplados à base, para suporte da barra de metal circular com, aproximadamente, 150 cm de comprimento e 3 cm de diâmetro;

- Caibros, que servem de suporte para a barra, com altura de 140 cm e com orifícios a cada 5 cm, para que a barra possa ser ajustada ao comprimento dos braços do avaliado;
- Tábua suspensa de 12 cm de largura por 1,5 cm de espessura, fixada acima dos caibros de suporte, evita que a armação possa movimentar-se durante a realização dos movimentos.

Procedimento

A barra de metal deve ser instalada à altura aproximada de 3 cm acima da ponta dos dedos, estando o avaliado em decúbito dorsal no solo e com ambos os braços totalmente estendidos para cima. Na posição inicial, o avaliado coloca-se pendurado, com os cotovelos em extensão, a barra em direção aos seus ombros, o corpo ereto e apenas os calcanhares em contato com o solo. A posição de empunhadura na barra é dorsal e equivale à largura dos ombros. Após assumir essa posição, o avaliado tenta elevar seu corpo até que a região do pescoço toque a linha de demarcação colocada a dois espaços abaixo da barra e, então, retorna o corpo na posição inicial, completando, dessa forma, uma repetição, não permitindo repouso nesse tempo. Esse movimento deve ser repetido o máximo de vezes possível, sem limite de tempo. Em nenhum momento do teste, o avaliado pode colocar qualquer parte do corpo em contato com o solo, a não ser os calcanhares, nem mesmo realizar qualquer movimento dos quadris e das pernas ou tentar a extensão da coluna cervical para minimizar a sobrecarga dos braços.

Resultados

O resultado do teste refere-se ao número de repetições realizadas corretamente em uma única tentativa.

Adaptações

- *Deficiência visual*: para todos as classificações (B1, B2 e B3), o teste deve ser vivenciado por meio do toque, auxiliado pelo avaliador;
- *Deficiência auditiva*: apresentar o teste por meio de demonstração;
- *Deficiência intelectual*: utilizar uma linguagem adequada a cada indivíduo, verificando se este tem ou não condições de realizar o teste;
- *Deficiência física*:
  - *Lesão medular*: utilizar uma prancha com apoio de cintos, mantendo o corpo ereto, e apoiando o quadril;
  - *Amputação unilateral de membro inferior*: utilizar uma prancha com apoio, mantendo o corpo ereto;
  - *Amputação unilateral de membro superior*: deitado em decúbito ventral em um banco na posição horizontal, com braço estendido e peito encostado no banco durante toda a execução, realizar a flexão do cotovelo com abdução dos ombros e utilização de pesos livre ou polia com a metade do peso corporal. A altura do banco será o equivalente para que o peso fique a, pelo menos, 3 cm do chão quando o braço estiver estendido.

FIGURA 5.3 – Posição do teste puxada em suspensão na barra modificada.

Teste abdominal (Marins e Giannichi, 1996; Guedes e Guedes, 2006)

Objetivo

Medir a força e a resistência abdominal.

Equipamento

- Colchonete;
- Cronômetro.

Procedimento

A posição inicial do avaliado é decúbito dorsal, com os joelhos flexionados formando um ângulo de 90°; as plantas dos pés devem estar em pleno contato com o solo, em uma distância inferior a 30 cm. O avaliado deve cruzar os braços à frente do corpo, de forma que a mão direita toque o ombro esquerdo e vice-versa. A cabeça deve estar em contato com o solo. O avaliador deve estar segurando os pés do avaliado, impedindo que se movimente. O avaliado deve elevar o tronco até tocar na altura dos joelhos, voltando à posição inicial. Cada toque do tronco no joelho completa uma flexão; três comandos são dados para a realização do teste: *prepara*, *vai* e *para*.

Resultado

Para Marins e Giannichi (1996), a contagem do número de toques completos é realizada em 30 segundos; para Guedes e Guedes (2006), o tempo de avaliação é de 1 minuto.

Adaptações

- *Deficiências visual, intelectual* e *auditiva*: descrever e demonstrar o teste até que o indivíduo compreenda;
- *Deficiência física*:
    - *Amputação de membros inferiores, em qualquer nível, lesão medular de baixo nível e sequela de pólio*: o apoio deve ser realizado no nível do quadril.

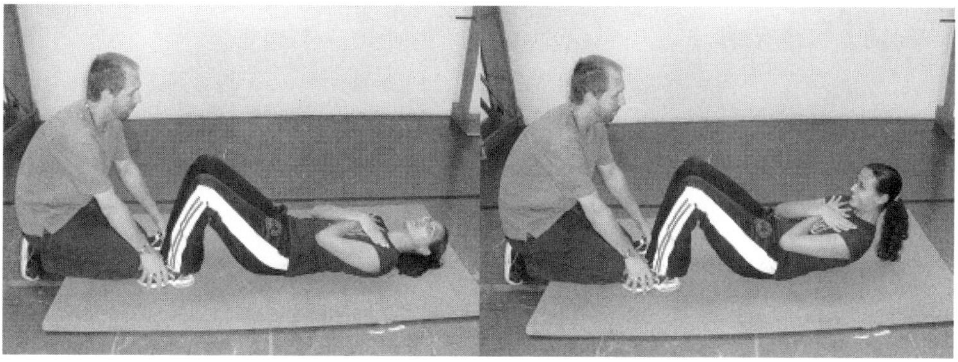

FIGURA 5.4 – Execução do teste de abdominal.

Teste de potência: arremesso de *medicine ball* (Mello, 2002; Marins e Gianninchi, 1996)

Objetivo

Determinar a força explosiva máxima de membros superiores.

Equipamentos

- *Medicine ball* de 1 a 5 kg;
- Cronômetro;
- Trena;
- Cadeira;
- Protocolo de anotação;
- Corda.

Procedimento

Sentado em uma cadeira, com 90° de flexão de quadril e joelho, o avaliado segura a *medicine ball* com as duas mãos contra o peito e logo abaixo do queixo, com os cotovelos o mais próximo do tronco. A corda é colocada na altura do peito do avaliado para mantê-lo seguro na cadeira e eliminar a ação de embalo durante o arremesso. O esforço deve ser realizado pelos braços e pela cintura escapular, evitando a participação de qualquer outra parte do corpo. Devem ser realizados três arremessos para cada uma das cargas, sendo computado o melhor, aplicados intervalos de, pelo menos, 30 segundos entre as tentativas, registrados o tempo de voo, a distância do arremesso e medida a distância entre os pés dianteiros da cadeira ou as rodas dianteiras da cadeira de rodas e o primeiro ponto de contato da bola com o solo. O cálculo da potência é: peso da bola (kg) x distância (m) / tempo (s).

Tabela 5.1 – Escores para o teste de potência: arremesso de *medicine ball*

Nível de *performance*	**Masculino (cm)**	**Feminino (cm)**
Avançado	763 acima	428 acima
Intermediário avançado	611 – 762	367 – 427
Intermediário	367 – 610	214 – 366
Iniciante avançado	275 – 366	123 – 213
Iniciante	0 – 274	0 – 122

Fonte: Adaptado de Johnson e Nelson (1979).

Adaptações

- *Deficiências visual, auditiva e intelectual*: não necessitam de adaptação para a realização do teste; deve-se apenas assegurar o entendimento de seu procedimento;
- *Deficiência física*:
  - *Cadeirantes*: realizar o teste na cadeira de rodas convencional ou esportiva, com travamento das rodas para evitar deslocamento da cadeira durante o arremesso. Nos casos de lesão com

maior grau de comprometimento de controle de tronco, utilizar cinto de fixação na cadeira;

- *Amputação bilateral de membros superiores/hemiplegia*: apoiar a bola entre a mão e o peito na posição inicial e seguir com o procedimento do teste.

Puxada em suspensão na barra (Winnick e Short, 2001)

Objetivo

Medir força e resistência muscular dinâmica de membros superiores.

Equipamento

- Barra horizontal resistente de, aproximadamente, 1,5 polegada (3,8 cm) de diâmetro que permita ao avaliado pendurar-se com os membros superiores e inferiores completamente estendidos e os pés não tocarem no chão.

Procedimento

O avaliado deve segurar a barra com as mãos afastadas na largura dos ombros, utilizando uma empunhadura com o dorso das mãos voltado para ele. O movimento deve ser iniciado em uma posição pendurada com os membros superiores e inferiores estendidos. O avaliado puxa o corpo até que o queixo fique acima da barra; uma vez que esta posição é alcançada, retorna-se à posição inicial. Durante a execução do movimento, devem-se evitar balanceios do corpo e/ou flexões de joelho ou quadril.

Resultados

Deve-se considerar o número máximo de repetições sem interrupções.

Adaptações

- *Deficiência visual*: ensaios prévios e percepção tátil do equipamento; proteção que não prejudique a execução do teste; dar um comando quando o queixo passar a altura da barra;
- *Deficiência auditiva*: ênfase na explicação e na demonstração prática do teste;
- *Deficiência intelectual*: demonstração e ensaios prévios dando ênfase à explicação;
- *Deficiência física*:
    - *Amputação bilateral de membros inferiores*: colocar o avaliado com a cadeira de rodas para a realização do teste, ajustando a altura da barra. Quando iniciar a avaliação, afasta-se a cadeira e, quando o avaliador perceber que o avaliado não terá condições de realizar o movimento, aproxima-se a cadeira;
    - *Amputação unilateral de membro inferior*: segue o protocolo tradicional;
    - *Amputação de membro superior*: o teste deve ser realizado com pessoas que possuam amputação abaixo do cotovelo, com utilização de garras de apoio.

Observações

- Tomar cuidado para que a vivência do teste não influencie negativamente em seu resultado;

- Usar colchões no solo para proteção;
- Observar a utilização de próteses durante o teste.

Suspensão na barra (AAHPER, 1976)

Objetivo

Medir a força e a resistência isométrica de membros superiores.

Equipamentos

- Barra horizontal resistente de, aproximadamente, 1,5 polegada (3,8 cm) de diâmetro, que permita ao avaliado pendurar-se com os membros superiores e inferiores completamente estendidos e os pés não tocarem no chão;
- Cronômetro.

Procedimento

O avaliado deve segurar a barra com as mãos afastadas na largura dos ombros, utilizando uma empunhadura com o dorso das mãos voltados para ele. O indivíduo deve ficar em uma posição pendurada com os membros superiores e inferiores estendidos, sem que os seus pés toquem o chão. Quando o avaliado estiver na posição correta, aciona-se o cronômetro, marcando o tempo que ele permanece na posição.

Resultados

Deve-se considerar o tempo máximo de permanência na posição em centésimos de segundo.

Adaptações

- *Deficiência visual*: ensaios prévios e percepção tátil do equipamento; proteção que não prejudique a execução do teste; dar um comando quando o queixo passar a altura da barra;
- *Deficiência auditiva*: ênfase na explicação e na demonstração prática do teste;
- *Deficiência intelectual*: demonstração e ensaios prévios dando ênfase à explicação;
- *Deficiência física*:
  - *Amputação bilateral de membros inferiores*: colocar o avaliado com a cadeira de rodas para a realização do teste, ajustando a altura da barra. Quando iniciar a avaliação, afasta-se a cadeira e, quando o avaliador perceber que o avaliado não terá condições de realizar o movimento, aproxima-se a cadeira;
  - *Amputação unilateral de membro inferior*: segue o protocolo tradicional;
  - *Amputação de membro superior*: o teste deve ser realizado com pessoas que possuam amputação abaixo do cotovelo, com utilização de garras de apoio.

Observações

- Tomar cuidado para que a vivência do teste não influencie negativamente em seu resultado;
- Usar colchões no solo para proteção;
- Observar a utilização de próteses durante os testes.

FIGURA 5.5 – Posição inicial do teste de suspensão na barra.

Tração lombar – dinamometria (Mathews, 1980)

O dinamômetro é um equipamento que apresenta um sistema de molas de aço utilizado para medir a força estática máxima.

Objetivo

Avaliar a força muscular isométrica da região lombar.

Equipamentos

- Dinamômetro;
- Planilha para anotação.

Procedimento

O avaliado deve ficar com os pés posicionados paralelamente sobre a plataforma, os joelhos estendidos e o tronco flexionado à frente (aproximadamente a 120°); a posição da cabeça acompanha o prolongamento do tronco com o olhar fixo à frente. O cabo do dinamômetro deve ser ajustado de modo que o avaliado possa segurar a barra de apoio com ambos os cotovelos estendidos e na posição descrita anteriormente. A barra de apoio deve estar posicionada na altura dos joelhos do avaliado e segurada com uma empunhadura dorsal de uma das mãos e uma empunhadura palmar da outra. Ambas as mãos devem estar separadas por distância igual ao diâmetro bitrocantérico (quadril). Solicita-se que o avaliado procure aplicar a maior força muscular possível nos músculos da região lombar e deixe a coluna lombar ereta.

Adaptações

- *Deficiência visual*: deve-se explicar verbalmente o teste, posicionar o avaliado corretamente e deixar que ele o vivencie;
- *Deficiência auditiva*: deve-se mostrar e explicar o teste até que o avaliado entenda como executá-lo;
- *Deficiência intelectual*: o teste deve ser mostrado várias vezes até que o indivíduo seja capaz de repeti-lo sozinho;
- *Deficiência física*:
    - *Amputação unilateral de membro inferior*: deve-se executar o teste com a prótese, quando esta existir. Caso o avaliado não utilize prótese, deve equilibrar-se e, se necessário, ser auxiliado pelo avaliador para manter-se em equilíbrio;

- *Amputações bilaterais de membros inferiores*: quando o indivíduo utilizar próteses, proceder o teste normalmente. Caso o avaliado não utilize próteses, deve executar a tração lombar com a utilização de cadeira ou banco adaptado sobre o aparelho, cuja altura seja suficiente para que o quadril do indivíduo fique acima da barra de apoio e deve ter sua base fechada para estabilizar o dinamômetro no chão;
- Este teste não é realizado por lesados medulares.

Tração de pernas (Corbin e Lindsey, 1997)

Objetivo

Avaliar a força muscular dos membros inferiores.

Equipamentos

- Dinamômetro
- Planilha para anotação.

Procedimento

O avaliado deve ficar com os pés posicionados paralelamente sobre a plataforma, os joelhos flexionados (aproximadamente a 120°) e o tronco ereto; a posição da cabeça acompanha o prolongamento do tronco com o olhar fixo à frente. O cabo do dinamômetro deve ser ajustado de modo que o avaliado possa segurar a barra de apoio com ambos os cotovelos estendidos e na posição descrita anteriormente. A barra de apoio deve estar posicionada na altura dos joelhos do avaliado e segurada com uma empunhadura dorsal das mãos. Ambas as mãos devem estar separadas por uma distância igual ao diâmetro bitrocantérico (quadril). Solicita-se que o avaliado procure aplicar a maior força muscular possível nos músculos dos membros inferiores, estendendo os joelhos. Deve-se evitar o movimento adicional com o tronco e os braços e a projeção do corpo para trás.

Adaptações

- *Deficiência visual*: deve-se explicar verbalmente o teste, posicionar o indivíduo corretamente e deixar que ele o vivencie;
- *Deficiência auditiva*: deve-se mostrar e explicar o teste até que o avaliado entenda como executá-lo;
- *Deficiência intelectual*: o teste deve ser mostrado várias vezes até que o indivíduo seja capaz de repeti-lo sozinho;
- *Deficiência física*:
  - *Amputações unilaterais de membro inferior*: deve-se executar o teste com a prótese, quando esta existir. Caso o avaliado não utilize prótese, ele deve equilibrar-se e, se necessário, ser auxiliado pelo avaliador para manter-se em equilíbrio;
  - *Amputações bilaterais de membros inferiores*: quando o indivíduo utilizar próteses, proceder o teste normalmente. Caso o avaliado não utilize próteses, deve executar a tração lombar com a utilização de cadeira ou banco adaptados sobre o aparelho, cuja altura seja suficiente para que o quadril do indivíduo fique acima da barra de apoio, tendo sua base fechada para estabilizar o dinamômetro no chão;
  - Este teste não é realizado por lesados medulares.

 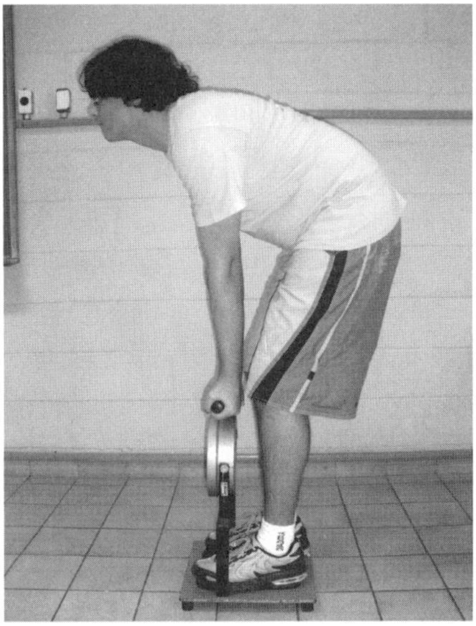

FIGURA 5.6 – Posicionamento para a realização do teste de tração lombar.

Preensão da mão no dinamômetro (Corbin e Lindsey, 1997)

Objetivo

Avaliar a força estática dos músculos flexores das mãos.

Equipamento

- Dinamômetro de preensão manual com escala de medida de 0 a 100 kg. O mostrador possui dois ponteiros, dos quais um deve ser ajustado (zerado) manualmente.

Modo de execução

Basicamente, existem três formas para administrar o teste de preensão manual, a diferença está em manter o braço em flexão de 90°, estendê-lo ao longo do corpo durante a execução ou, ainda, realizar o teste em pé ou sentado.

Na posição em pé, o avaliado segura o dinamômetro com uma das mãos e estende o braço ao longo do corpo. A empunhadura deve ser de tal forma que apenas as quatro últimas falanges distais exerçam força na barra de tração. O polegar participa como importante auxiliar de tração na barra de apoio no dinamômetro. A partir dessa posição, o avaliado executa uma contração máxima e relaxa. Nesse procedimento, é permitido qualquer movimento ao avaliado, enquanto estiver apontando o dinamômetro, desde que não apoie nenhum objeto contra o seu punho.

O avaliado, em pé, segura o dinamômetro confortavelmente com a mão que será testada e flexiona o braço; inicialmente, deve procurar o braço em ângulo de 90° e, em seguida, enquanto estende discretamente o braço, exerce força o quanto for possível.

Uma última, e talvez a mais indicada forma de realizar o teste de preensão manual, consiste em colocar o avaliado sentado, com o braço que será testado flexionado (ângulo de 90° com o antebraço) encostado ao tronco. O punho se mantém em linha com o antebraço (posição natural), padronização sugerida pela American Society off Hand Therapists, baseada em informações de que a posição da extremidade superior (ombros) poderia interferir nas medidas.

Observação

Não foram localizados estudos comparativos sobre qual forma de execução é mais válida ou reprodutiva. Por conseguinte, o avaliador deve, realmente, se ater a não permitir que o avaliado apoie sua mão em nenhum objeto externo, além de executar uma contração máxima. Quanto a reprodutibilidade, Mathiowetz et al. (1985) relataram que as maiores correlações foram obtidas quando a média de três tentativas era registrada. Em razão das distintas abordagens localizadas na literatura, sugere-se administrar o teste na posição sentada, com o cotovelo flexionado. Quanto ao valor adotado para a análise, como é um teste de força máxima estática, deverá ser considerado o melhor desempenho.

Procedimento

Solicita-se ao avaliado que procure sentar-se confortavelmente, apoiando-se no encosto da cadeira (sem apoio para os braços). É explicado o procedimento e a finalidade do teste, demonstrado como deve ser segurado o instrumento, apresentados os procedimentos e entregue o dinamômetro ao avaliado, o qual deve empunhar o instrumento com o cotovelo, formando um ângulo de 90º com o braço, mantendo o punho na mesma linha. Com a intenção de prevenir possíveis quedas, o avaliador poderá segurar levemente a base do instrumento durante o teste (Mathiowetz et al., 1985), aferir e ajustar o aparelho no ponto zero antes de iniciar o teste, permitir três tentativas e considerar o maior valor para o registro e a análise. Enquanto um membro descansa, o teste é administrado no outro lado. Deve ser indicado o tempo mínimo de 1 minuto de descanso entre as tentativas.

Adaptações

- *Deficiência visual*: explicar verbalmente o teste, permitindo a familiarização com o dinamômetro;
- *Deficiência auditiva*: utilizar explicação adequada com demonstração, posicionamento adequado para leitura labial e, se necessário, linguagem de sinais;
- *Deficiência intelectual*: utilizar explicação com qualidade e quantidade de informações adequadas;
- *Deficiência física*: desde que tenha os membros superiores funcionais, o teste pode ser realizado;

FIGURA 5.7 – Posição para realização do teste de preensão manual.

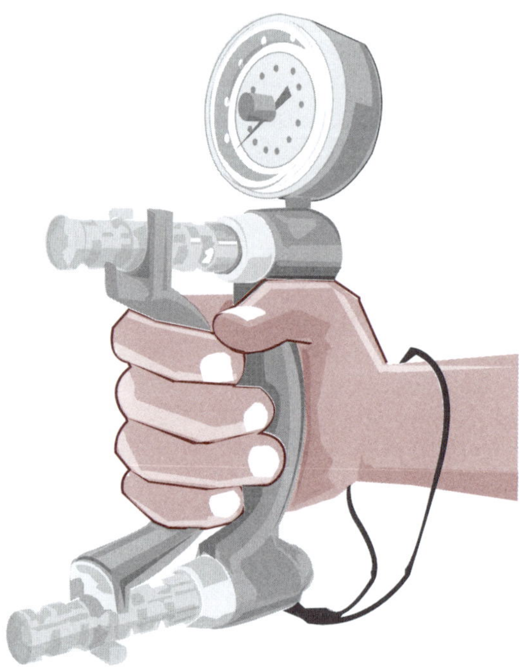

FIGURA 5.8 – Dinamômetro.

Teste de arremesso do *goalball*

Distâncias possíveis

9 e 12 metros.

Objetivo

Avaliar a força de arremesso.

Equipamentos

- Fotocélula;
- Fita métrica;
- Bola.

Procedimento

Posicionar a fotocélula em uma distância de 9 ou 12 metros da outra na zona de defesa. O atleta deverá posicionar-se na linha de marcação do ala de frente para o corredor formado pelas fotocélulas com 1,5 metro de distância da primeira.

Posição inicial

Pernas em afastamento ântero-posterior (com a perna do mesmo lado do braço dominante de arremesso atrás), perna da frente em um ângulo de 90°, perna de trás com o joelho apoiado no chão e o braço que realizará o arremesso ao lado do corpo.

FIGURA 5.9 – Posição inicial para o teste de arremesso do *goalball*.

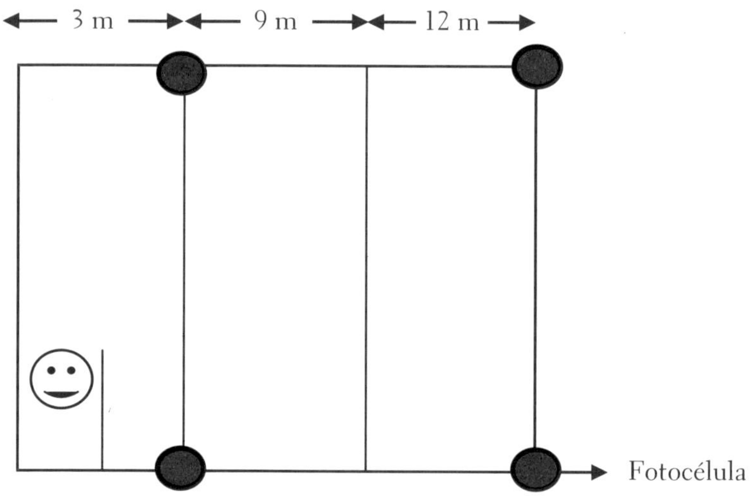

FIGURA 5.10 – Esquema para o teste de arremesso do *goalball*.

Medidas da velocidade

Corrida de 50 metros (Duarte, 1987)

Objetivo

Avaliar o componente motor associado à velocidade de deslocamento, com corrida em mesma direção por percurso de 50 metros, iniciando-se da posição parada.

Equipamentos

- Cronômetro com definição centesimal;
- Materiais para demarcação da distância a ser percorrida (cones de plástico, fita adesiva etc.).

Espaço físico

Área plana sem nenhum tipo de obstáculo, piso não derrapante, com espaço suficiente para o percurso do teste (50 metros) e mais, aproximadamente, 20 metros além da linha de chegada, para que o avaliado possa desacelerar a corrida até a parada total após o término do teste.

Procedimento

Na posição de saída, o avaliado coloca-se em pé, com afastamento ântero-posterior das pernas e com o pé da frente o mais próximo possível da linha de partida. Ao sinal sonoro emitido pelo avaliador, o avaliado sai correndo e procura percorrer a distância no menor tempo possível, passando pela linha de chegada em velocidade máxima, para, logo em seguida, iniciar o processo de desaceleração até a parada total. O cronômetro é acionado ao sinal sonoro de saída e travado quando o avaliado ultrapassar a linha de chegada.

Resultados

O tempo, com definição em centésimo de segundo, despendido pelo avaliado para percorrer a distância (permitida uma única tentativa).

Precauções

Por se tratar de um teste motor envolvendo velocidade máxima, o avaliador deve preocupar-se em expor claramente aos avaliados os objetivos do teste, procurando reforçar a ideia de que a distância deve ser percorrida no menor tempo possível e tentando manter a velocidade máxima durante todo percurso do teste. Para tanto, torna-se fundamental que o avaliado demonstre estado de motivação adequado para sua realização. Deve-se evitar todo tipo de aglomeração de outras pessoas próximo à linha de partida e chegada, o que pode prejudicar a concentração do avaliado na realização do teste. Na eventualidade de ocorrer qualquer tipo de anormalidade em que seja necessário administrar novamente o teste, sugere-se um intervalo nunca inferior a 5 ou 7 minutos, para que o avaliado possa recuperar-se totalmente do esforço na tentativa anulada.

Adaptações

- *Deficiência visual*: levando em consideração a classificação funcional (B1, B2 e B3) e/ou a experiência motora do avaliado para situá-lo no tempo e no espaço, será ou não necessária a presença de um guia para a realização do percurso;
- *Deficiência auditiva*: deve-se incluir o estímulo visual, além do sonoro. O avaliador deve se posicionar de modo que visualize tanto a saída quanto a chegada do avaliado, com o cronômetro em uma

das mãos, que deve ser acionado no momento em que o avaliado realiza o primeiro movimento de partida;

- *Deficiência intelectual*: levando em consideração que o avaliado com deficiência intelectual pode apresentar tempo de reação maior em relação ao estímulo sonoro, o acionamento do cronômetro deve ser realizado no início do deslocamento do avaliado;
- *Deficiência física*: o avaliado deverá posicionar-se de modo que a parte frontal da cadeira fique atrás da linha de partida. Ao sinal, o avaliado deslocará a cadeira o mais rápido possível, até ultrapassar a linha dos 50 metros. Devem ser feitas algumas considerações a respeito dos âmbitos escolar e esportivo:
  - *Âmbito escolar*: o teste deverá ser realizado com a própria cadeira de rodas do avaliado, sendo ela convencional ou esportiva;
  - *Âmbito esportivo*: o teste deve ser realizado com a cadeira de rodas esportiva.

(Observação: O avaliado deve utilizar sempre a mesma cadeira de rodas nos retestes.)

- *Amputação unilateral de membro inferior*: considerando algumas modalidades esportivas em que se utilizam muletas, o teste, neste âmbito, deve ser realizado com a utilização de muletas específicas da modalidade. No âmbito escolar, as muletas podem ser do avaliado.

Teste agilidade 10 x 5 metros (Guedes e Guedes, 2006)

Objetivo

Avaliar o componente motor associado à velocidade de deslocamento, mediante corridas com mudanças de direção por percurso de 50 metros, iniciando-se da posição parada.

Equipamentos

- Cronômetro com definição centesimal;
- Materiais para demarcação do percurso a ser percorrido (cones de plásticos, fita adesiva etc.).

Espaço físico

Área plana sem nenhum tipo de obstáculo, piso não derrapante, com espaços suficientes para o percurso do teste, aproximadamente 5 metros, de recuo da linha de partida/chegada, para que o avaliado possa desacelerar a corrida até a parada total após seu término, e em torno de 2 metros da outra linha, para que o avaliado possa realizar mudanças de direção. A área de teste deve ser demarcada no solo com duas linhas paralelas, com 5 metros de comprimento, medidos a partir de suas bordas externas, distantes 1,2 metro uma da outra. As extremidades do retângulo formado devem ser indicadas por cones.

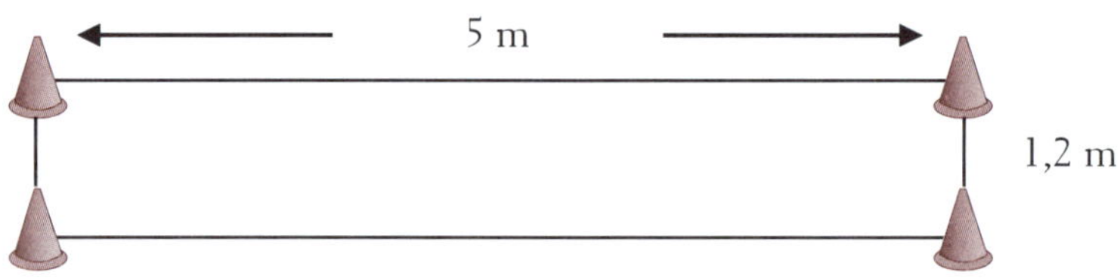

FIGURA 5.11 – Esquema para o teste de agilidade 10 x 5 m.

Procedimento

Na posição de saída, o avaliado coloca-se em afastamento ântero-posterior das pernas e com o pé anterior o mais próximo possível da linha de partida/chegada. Ao sinal sonoro permitido pelo avaliador, o avaliado deve correr o mais rápido possível em direção à outra linha, transpondo-a e retornando à linha de chegada, o que completa um ciclo. Ambas as linhas devem ser transpostas com os dois pés. Essa movimentação deve ser repetida mais quatro vezes, totalizando cinco ciclos. O cronômetro é acionado ao sinal sonoro de partida e travado quando o avaliado ultrapassar a linha de chegada, completando o quinto ciclo.

Resultados

O tempo, com definição em centésimos de segundo, despendido pelo avaliado para completar os cinco ciclos (permitida uma única tentativa).

Precauções

Considerando que se trata de um teste de velocidade máxima, o avaliador deve preocupar-se em expor claramente ao avaliado o objetivo do teste, procurando reforçar a ideia de que os ciclos devem ser completados no menor tempo possível. Para tanto, torna-se fundamental que o avaliado demonstre estado de motivação adequado para sua realização. Deve-se evitar todo tipo de aglomeração de outras pessoas próximo ao retângulo que demarca a área de teste, afim de não prejudicar a concentração do avaliado. O avaliador deve chamar a atenção do avaliado para a necessidade de transpor com ambos os pés as linhas demarcatórias, realizar as duas meias voltas tão rápido quanto puder e não diminuir a velocidade quando estiver prestes a ultrapassar a linha de chegada para completar o teste. O avaliado deve procurar transpor a linha de chegada em velocidade máxima e não sair do corredor delimitado para o teste. O avaliador deve anunciar em voz alta cada ciclo completado. O avaliado não poderá deslizar no decorrer do teste, sobretudo na realização das meias voltas, portanto são indispensáveis calçados adequados e piso antiderrapante.

Adaptações

- *Deficiência visual*: para o avaliado se orientar no percurso, deverá ter dois auxiliares chamadores, um atrás da linha de partida e outro na linha de chegada, a fim de orientá-lo durante o percurso. Para fins de avaliação no âmbito escolar, sugerem-se algumas adaptações:
  - *Corredor de cordas*: duas cordas paralelas tocando no corpo do avaliado na altura do quadril, sendo o comprimento da corda suficiente para realizar o teste e a desaceleração, com um auxiliar posicionado na linha de partida e chegada;
  - *Guia*: o guia e o avaliado estarão unidos pelos punhos por fita, barbante ou corda. O guia deverá permanecer um passo atrás do avaliado durante o teste, não podendo alterar o ritmo dele;
  - *Chamador*: um chamador posicionado na linha de partida e outro na linha de chegada, que deverá chamar o avaliado em sua direção por meio de estímulos sonoros: palmas, comando de voz etc.
- *Deficiência auditiva*: ao iniciar o teste, os estímulos sonoros e visuais devem ser sincronizados, e o avaliador deverá demonstrá-los anteriormente;
- *Deficiência intelectual*: considerando que o avaliado com deficiência intelectual pode apresentar tempo de reação maior em relação ao estímulo sonoro, o acionamento do cronômetro deve ser realizado no início do deslocamento do avaliado. O teste deve ser demonstrado anteriormente, a fim de assegurar a compreensão do avaliado;

- *Deficiência física*: o avaliado deverá posicionar-se de modo que a parte frontal da cadeira fique atrás da linha de partida. Ao sinal, ele deslocará a cadeira o mais rápido possível, até ultrapassar a linha dos 10 metros. Devem ser feitas algumas considerações a respeito dos âmbitos escolar e esportivo:
  - *Âmbito escolar*: o teste deverá ser realizado com a própria cadeira de rodas do avaliado, sendo ela convencional ou esportiva;
  - *Âmbito esportivo*: o teste deve ser realizado com a cadeira de rodas esportiva.

(Observação: O avaliado deve utilizar sempre a mesma cadeira de rodas nos retestes.)

- *Amputação unilateral de membro inferior*: considerando algumas modalidades esportivas em que se utilizam muletas, o teste, neste âmbito, deve ser realizado com a utilização de muletas específicas da modalidade. No âmbito escolar, as muletas podem ser do avaliado.

Medidas da agilidade

Shuttle run – corrida de vaivém (Johnson e Nelson, 1979)

Objetivo

Avaliar o componente motor associado à agilidade, com corrida que envolve mudanças de direção com alterações da altura do centro de gravidade.

Equipamentos

- Piso limpo e não derrapante de, no mínimo, 11 metros;
- Cronômetro;
- Trena;
- Cones, fita adesiva ou giz;
- Blocos de madeira (5 x 5 x 10 cm);
- Ficha de protocolo contendo nome do avaliado, data e horário do teste e observações diversas.

Procedimento

Para a realização do teste, primeiramente é necessário marcar duas linhas, denominadas *linha de partida* e *linha de chegada*, distantes 9 metros entre si (podem ser utilizadas as dimensões da quadra de voleibol). Cones são colocados para servirem de referência para o avaliador e o avaliado. Os blocos de madeira devem ser posicionados com distância de 30 cm entre eles.

O avaliado se posiciona em pé atrás da linha de partida; seus pés deverão estar em afastamento ântero-posterior. Ao sinal do avaliador, nos comandos *pronto* e *já*, o avaliado deverá correr o mais rápido possível em direção à outra linha e, concomitantemente, o cronômetro é acionado, devendo ultrapassá-la com ambos os pés, pegando o bloco de madeira. Após tal procedimento, fará o mesmo, indo em direção à linha de chegada, passando os dois pés, deixando o bloco de madeira. Novamente, vai em direção à linha oposta e pega o bloco de madeira, voltando e deixando-o após a linha, finalizando o teste. Cada executante terá duas tentativas, com intervalo de descanso entre 3 e 5 minutos; o resultado será o melhor tempo, mensurado com precisão de décimo de segundos, gasto para completar o percurso em questão.

Resultados

Tabela 5.2 – Resultados do teste em escolares de 10 anos do sexo masculino

Classificação	Agilidade (segundos)
Muito fraco	> 12,0
Fraco	12,0 – 11,5
Regular	11,4 – 11,0
Bom	10,9 – 10,5
Muito bom	< 10,5

Tabela 5.3 – Resultado do teste em meninas de 12 e 16 anos

Classificação	Agilidade (segundos)	
	12 anos	16 anos
Muito fraco	> 12,2	> 12,1
Fraco	12,2 –11,6	12,1 – 11,6
Regular	11,5 – 11,1	11,5 – 11,2
Bom	11,0 – 10,7	11,1 – 10,9
Muito bom	< 10,7	< 10,9

Precauções

- O avaliador deverá percorrer com o avaliado o espaço referente ao teste antes de executá-lo;
- O avaliado deverá colocar (não jogar) o bloco no solo, movimentando, assim, a altura do centro de gravidade. Neste caso, o teste será repetido.

Adaptações

- *Deficiência auditiva*: demonstrar o teste detalhadamente, utilizando recursos conhecidos pelo avaliador;

- *Deficiência intelectual*: considerando que o avaliado com deficiência intelectual pode apresentar tempo de reação maior em relação ao estímulo sonoro, o acionamento do cronômetro deve ser realizado no início do deslocamento do avaliado. O teste deve ser demonstrado anteriormente, a fim de assegurar sua compreensão;
- *Deficiência física*: O avaliado coloca-se com a cadeira o mais próximo possível da linha de saída. Com voz de comando: *vai!*, o cronômetro é disparado quando a primeira roda da cadeira ultrapassar a linha de partida. Corre-se em direção aos blocos, que estão colocados em cima dos cones, pega-se um bloco e retorna-se à linha de partida, colocando o bloco em cima da banqueta que deve estar atrás da linha de partida, e repete-se esta movimentação com o outro bloco. O teste termina quando o último bloco for colocado em cima da banqueta. São dadas duas tentativas, com um intervalo de descanso entre elas. Como adaptação pode-se usar uma banqueta na altura do assento da cadeira de rodas colocada na linha de saída e dois cones com os blocos em cima medindo 50 cm de altura.

Resultados

O resultado será o tempo de percurso na melhor das duas tentativas em segundos.

Avaliação da agilidade em adultos idosos (Gobbi, Villar e Zago, 2005)

Este teste da AAHPERD e o equilíbrio dinâmico envolvem a atividade total do corpo (movimento para frente e mudança de direção e posição). O teste se relaciona intimamente aos movimentos funcionais da pessoa idosa nas situações diárias e possibilita uma verificação quantitativa dessa habilidade (Osness et al., 1990).

Equipamentos

- Piso limpo e não derrapante de, no mínimo, 6 x 4 metros;
- Cadeira com braços;
- Cronômetro;
- Trena para marcar as distâncias;
- Dois cones, fita adesiva ou giz para demarcação do teste.

Procedimento

Partindo da posição sentada, ao som de um comando, o avaliando deve levantar-se e circundar um cone à direita e atrás da cadeira, retornando à posição inicial (sentada). Para certificar-se de que o avaliado realmente se senta, é solicitado que ele levante os dois pés do solo. Após, realiza-se o mesmo movimento, agora para o lado esquerdo, completando um ciclo. O percurso deve ser realizado no menor tempo possível. O avaliado realizará duas tentativas do percurso, e o melhor tempo registrado será considerado como resultado final.

Deve-se explicar ao avaliado o objetivo do teste, o qual deverá ser realizado o mais rápido possível; quanto menor o seu tempo, melhor será seu resultado. É importante ressaltar que deve-se sentar e levantar os dois pés; caso contrário, essa tentativa do teste será anulada. A ocorrência de dispneia, dores no peito, formigamento de braços e pernas e tontura deve ser relatada e o teste deverá ser interrompido.

Tabela 5.4 – Resultado do teste de agilidade da AAHPERD em idosas fisicamente ativas, de 60 a 70 anos

Classificação	Agilidade (segundos)
Muito fraco	> 26,4
Fraco	26,4 – 23,7
Regular	23,6 – 21,5
Bom	21,4 – 19,6
Muito bom	< 19,6

Fonte: Adaptado de Zago e Gobi (2003).

Adaptações

- *Deficiência visual*: cadeira com assento mais larga; os dois cones são substituídos por dois chamadores, que orientam a direção para realizar a volta, primeiramente à direita e posteriormente à esquerda. Um terceiro chamador fica posicionado atrás da cadeira;
- *Deficiência intelectual*: explicar com clareza, dizendo que o teste deverá ser realizado o mais rápido possível; se necessário, demonstrar e permitir a familiarização do indivíduo com o teste, o que é chamado de *pré-teste*.
- *Deficiência física*:
  - *Cadeirante*: parte do ponto central do circuito, iniciando seu deslocamento para a direita, em direção ao cone, passando por trás desse e retornando ao ponto inicial. Ao chegar ao início, o cadeirante deverá, quando a cadeira permitir, "empiná-la", fazendo uma tarefa de equilíbrio. Quando a cadeira não permitir o equilíbrio, o cadeirante deverá, ao retornar ao ponto inicial, parar totalmente sua cadeira e elevar ambas as mãos acima da cabeça. Em seguida, deve realizar a mesma tarefa, deslocando-se para o lado esquerdo.

Teste de agilidade Gepama

Objetivo

Verificar a agilidade de deslocamento corporal.

Equipamentos

- Circuito em forma de triângulo retângulo medindo 5,80 x 3,65 x 6,80 metros;
- Três cones (um em cada vértice do triângulo).

Procedimento

O avaliado posiciona-se de costas para o cone A e desloca-se lateralmente até o cone *B*. Do cone *B*, desloca-se de costas até o cone C. Do cone C, o avaliado desloca-se de frente até o cone A, passando por fora deste. A partir desse momento, o avaliado começa a repetir o percurso, mas agora no sentido oposto, iniciando seu deslocamento do cone A para o cone C de frente. Do cone C para o cone *B*, o deslocamento é feito de costas, e do cone *B* para o cone A, o deslocamento é feito lateralmente, e, em todos os deslocamentos, deve-se fazer a passagem pelo lado de fora dos cones. O resultado é a média dos tempos de realização de duas tentativas.

Observação

No deslocamento lateral, o avaliado não pode cruzar as pernas e, no deslocamento de costas, não deve realizar rotação do tronco.

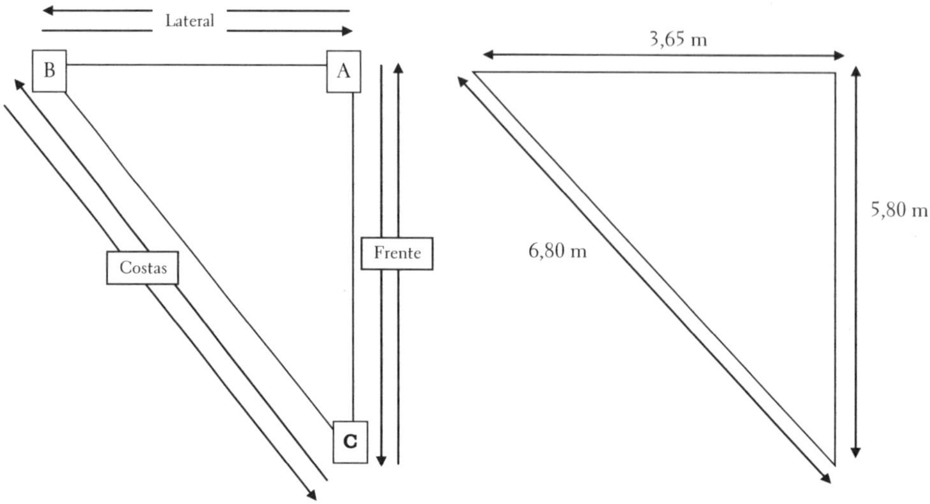

FIGURA 5.12 – Esquema do teste de agilidade Gepama.

Adaptações

- *Deficiência visual*: deve-se explicar verbalmente o teste, posicionar o avaliado corretamente e deixar que ele o vivencie. Em cada vértice do triângulo, fica um chamador para orientar o avaliado;
- *Deficiência auditiva*: deve-se mostrar e explicar o teste até que o avaliado entenda como executá-lo;
- *Deficiência intelectual*: o teste deve ser mostrado várias vezes até que o avaliado seja capaz de repeti-lo sozinho;
- *Deficiência física*:
  - *Amputação unilateral e bilateral de membros inferiores*: deve-se executar o teste com a prótese quando esta existir;
  - Este teste não é realizado por cadeirantes.

Teste de agilidade *goalball* modificado (Morato e Furtado, 2005)

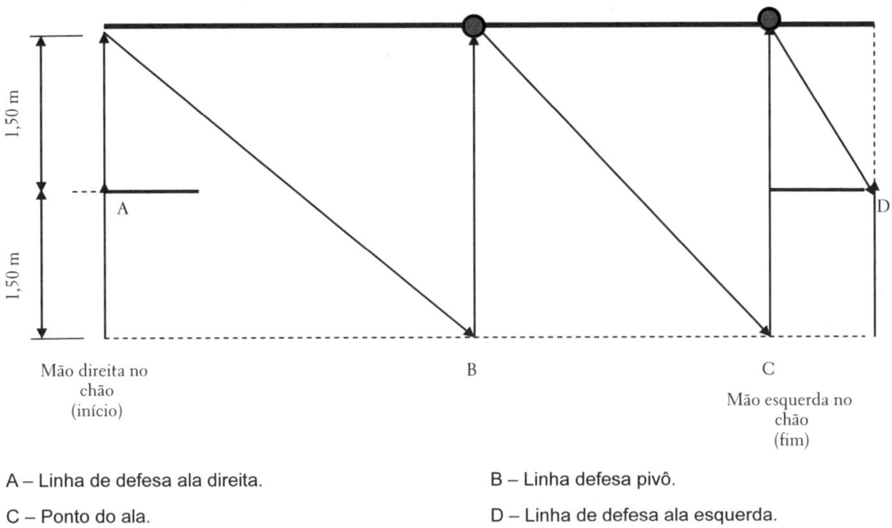

FIGURA 5.13 – Esquema do teste de agilidade *goalball*.

Objetivo

Avaliar a agilidade e a capacidade de orientação do atleta de *goalball*.

Equipamentos

- Corda com comprimento suficiente para demarcar o tamanho da trave;
- Barbante e fita adesiva para demarcar os pontos no chão e na trave/corda;
- Cronômetro;
- Trena;
- Planilha de teste.

Procedimento

O avaliado posiciona-se agachado e de costas para a trave, com a mão direita sobre o ponto A. Após o comando verbal *vai*, desloca-se em direção à trave; ao tocá-la, deve partir em direção ao ponto *B*. Na sequência, retorna em direção à trave e, ao tocá-la na linha central (marca em relevo), parte em direção ao ponto *C*. Em seguida, retorna em direção à trave, tocando no relevo, partindo para o ponto *D*, que deve ser tocado com a mão esquerda, finalizando o teste.

Todos os pontos A, *B*, *C* e *D* devem ser tocados com uma das mãos.

É cronometrado o tempo que o atleta leva para percorrer do ponto A ao ponto *D*. São realizadas duas tentativas, sendo selecionada a com melhor tempo.

Os deslocamentos dos pontos até a trave devem ser realizados de costas, e os da trave até os pontos, de frente.

Teste de agilidade De Ilinois (Roozen, 2004)

Objetivo

Avaliar o componente agilidade em deslocamento.

Equipamentos

- Piso não escorregadio;
- Cones de marcação;
- Cronômetro;
- Trena;
- Fotocélulas (opcional).

Descrição

A demarcação do espaço para realizar o teste é de 10 x 5 metros, utilizando quatros cones nos vértices. Utilizar outros quatro cones no centro entre os pontos inicial e final, com espaçamento de 3,3 metros.

Procedimento

O indivíduo deve estar parado em pé com o corpo inclinado de frente para o ponto de partida e as mãos sobre os ombros. Ao comando *vai*, aciona-se o cronômetro e o atleta levanta-se rapidamente na direção indicada, sem bater nos cones, até a linha de chegada, e o cronômetro deve ser parado. A Tabela 5.5 apresenta os resultados do teste.

Tabela 5.5 – Resultados do teste de acordo com a classificação (segundos)

Classificação	Masculino	Feminino
Excelente	< 15,2	< 17,0
Bom	16,1 – 15,2	17,9 – 17,0
Médio	18,1 – 16,2	21,7 – 18,0
Satisfatório	18,3 – 18,2	23,0 – 21,8
Fraco	> 18,3	> 23,0

Vantagens

Este teste é simples para ser realizado, requer poucos equipamentos, pode testar habilidades dos atletas em virar em diferentes direções e ângulos.

Desvantagens

A escolha dos sapatos e da superfície que realizará o teste pode interferir em seu tempo de realização. A inconsistência da marcação do tempo pode tornar o resultado subjetivo, o que pode ser sobreposto com a utilização do espaço demarcado antes da partida. O avaliado pode não conseguir distinguir entre girar para esquerda e direita.

Variações

As posições de partida e chegada podem ser trocadas; com isso, as direções de volta e virada são invertidas.

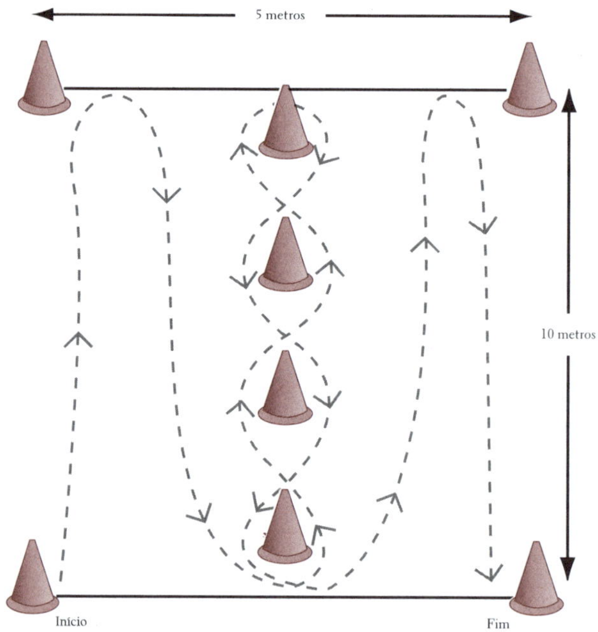

FIGURA 5.14 – Esquema do teste de agilidade De Ilinois.

Adaptações

- *Deficiência visual*: deve-se explicar verbalmente o teste, posicionar o avaliado corretamente e deixar que ele o vivencie. Em cada vértice do triângulo, fica um chamador para orientar o indivíduo;

- *Deficiência auditiva*: deve-se mostrar e explicar o teste até que o avaliado entenda como executá-lo;
- *Deficiência intelectual*: o teste deve ser mostrado várias vezes até que o avaliado seja capaz de repeti-lo sozinho;
- *Deficiência física*:
    - *Amputação unilateral e bilateral de membros inferiores*: deve-se executar o teste com a prótese, quando esta existir.
    - Este teste não é realizado por cadeirantes.

Teste de agilidade sobre cadeira de rodas modificado (Percurso do teste de zigue-zague modificado) (Belasco e Silva, 1998)

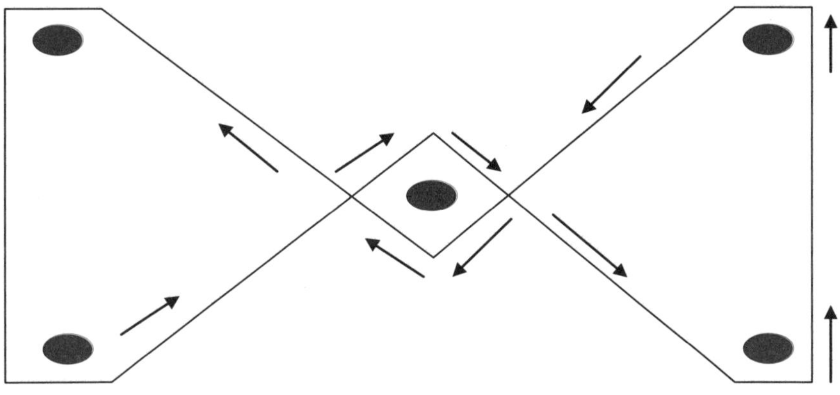

FIGURA 5.15 – Esquema do teste de agilidade sobre cadeira de rodas modificada.

Equipamentos

- Área para o percurso do teste de tamanho apropriado (9 metros de comprimento e 6 de largura);
- Cronômetro com precisão de décimos de segundo;

- Cadeira de rodas própria para o basquetebol (medidas: 20 cm de altura do encosto, 10 cm de altura do assento, 26 cm de aro, 42 cm de largura do assento e 62 cm de comprimento total da cadeira);
- Cinco marcadores para delimitar o percurso do teste, tomando-se o cuidado para com a integridade física dos avaliados.

Procedimentos

Todos os indivíduos da amostra realizarão o teste com a mesma cadeira de rodas própria para o basquetebol, a fim de se evitar que o tipo de cadeira influencie nos resultados. As medidas dessa cadeira de rodas serão consideradas médias para o nível de lesão específico da população da amostra. A opção por uma cadeira única com medidas padronizadas visará elevar a validade interna do experimento. O fato de os indivíduos utilizarem modelos variados de cadeiras, com pesos e dimensões diferentes, poderia gerar valores irreais na avaliação, os quais não estimariam a condição de agilidade. Ao sinal, o avaliando começará o teste de trás da linha de início e impulsionará a cadeira pelo percurso tão rápido quanto possível. Se o avaliando bater em um marcador ou errar o percurso, poderá repetir a tentativa. O resultado do teste será expresso pelo tempo utilizado para percorrer o circuito, com precisão de décimos de segundos. Serão efetuadas cinco tentativas. A primeira será para o reconhecimento do percurso e deverá ser realizada em velocidade lenta, a segunda será para o reconhecimento do percurso em alta velocidade e as três seguintes serão consideradas válidas para o teste.

Resultado

O resultado final será a melhor dessas três últimas tentativas. O descanso entre cada tentativa será de cerca de 5 minutos, a fim de se evitarem os efeitos da fadiga. Esse tempo será determinado por meio da aferição da frequência cardíaca dos avaliados antes e após o teste. Após o intervalo de 5 minutos, todos os avaliados retornaram para suas frequências pré-teste. Os tempos serão observados por três cronometristas de cada vez, e o resultado de cada tentativa será a média obtida a partir dos três cronômetros. Como os indivíduos sedentários não têm experiência com a cadeira de rodas esportiva, eles terão a oportunidade de experimentá-la durante duas horas antes do teste. Assim, eles farão o reconhecimento da cadeira em um dia e o teste dois dias depois. O tempo para a familiarização com a cadeira de rodas esportiva foi considerado, por alguns avaliados, insuficiente para a plena adaptação. Entretanto, mesmo com essa desvantagem, o resultado obtido terá sido muito pior caso o teste tivesse sido realizado com as cadeiras sociais dos indivíduos sedentários, as quais são pesadas e não permitem a realização de curvas com velocidade. Além disso, o fato de as cadeiras sociais possuírem freios nas rodas, poderia acarretar em risco para os avaliados quando estes tentassem impulsionar rapidamente os aros.

Medidas de flexibilidade

Teste de sentar e alcançar – banco de Wells (ACSM, 2000)

Objetivo

Determinar o índice de flexibilidade apresentada pelo avaliado na região do quadril, da coluna lombar e dos músculos posteriores da coxa.

Equipamento

- Caixa de madeira com dimensões de 30,5 x 30,5 cm, tendo a parte superior plana e com 56,5 cm de comprimento, na qual é demarcada de 1 em 1 cm, e o valor 23 coincide com a linha em que o avaliado deverá acomodar seus pés.

Procedimento

O avaliado deverá estar descalços e assumir uma posição de frente para o aparelho com os pés encostados contra a caixa. O avaliador deverá apoiar os joelhos do avaliado na tentativa de assegurar que eles permaneçam estendidos durante o movimento de extensibilidade. Os braços deverão estar estendidos sobre a superfície da caixa e as mãos, colocadas uma sobre a outra. Para a realização do teste, o avaliado, com as palmas das mãos voltadas para baixo, em contato com a escala, procurando alcançar a maior distância possível, realizará o movimento de modo lento e sem solavancos. Oferecem-se três tentativas ao avaliado, e, em cada oportunidade, a distância alcançada deverá ser mantida por, aproximadamente, 1 segundo.

Resultados

A distância alcançada deverá ser registrada a cada 0,5 cm por meio da escala de medida fixada na parte superior plana da caixa, determinada pela ponta dos dedos de ambas as mãos. A escala de medida deverá apresentar uma amplitude de 0 a 50 cm, de forma que, caso o avaliado ultrapasse a linha dos pés, terá valores acima de 23 cm; entretanto, se não conseguir alcançar as mãos até a altura dos pés, serão registrados valores inferiores aos 23 cm. Para efeito de resultado do teste deverá ser computado como índice de flexibilidade a melhor medida entre as três tentativas realizadas.

Precauções

Não deverá ser considerada a tentativa em que o avaliado flexionar os joelhos durante o movimento de extensibilidade ou, ainda, se as mãos não estiverem uma sobre a outra e com a ponta dos dedos de ambas coincidindo.

Tabela 5.6 – Referência para o teste de sentar e alcançar – flexibilidade

Excelente	22 ou mais
Bom	Entre 19 e 21
Médio	Entre 14 e 18
Regular	Entre 12 e 13
Fraco	11 ou mais

Fonte: Pollock, Wilmore e Fox (1986).

Adaptações

- *Deficiência visual*: o teste não necessita de adaptações, deve-se apenas observar a necessidade de descrever os movimentos e as posições de execução, detalhando cada fase do teste;
- *Deficiência auditiva*: o teste não sofre modificações; é preciso realizar uma demonstração e detalhar os movimentos aplicados de forma fracionada;
- *Deficiência intelectual*: o teste não sofre modificações; é preciso realizar uma demonstração e detalhar os movimentos aplicados de forma fracionada;
- *Deficiência física*:
  - *Amputação de membro inferior*: realiza-se o teste avaliando o membro existente, tomando cuidado para manter o quadril alinhado.

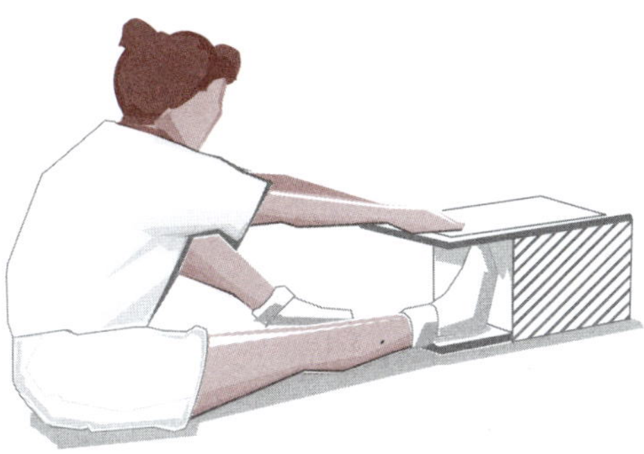

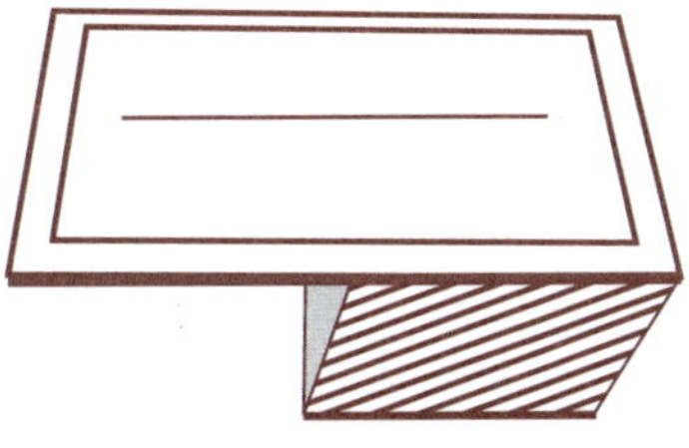

FIGURA 5.16 – Banco de Wells e o correto posicionamento para a realização do teste de sentar e alcançar.

Medidas do tempo de reação

Teste Nelson de reação da mão (Johnson e Nelson, 1979)

Objetivo

Medir a velocidade de reação do pé em resposta a um estímulo visual, a partir de 6 anos de idade.

Equipamentos

- Mesa;
- Cadeira;
- Régua de reação.

Procedimento

O indivíduo deve estar sentado, com o antebraço e a mão apoiados confortavelmente na mesa ou cadeira. Os dedos polegar e indicador devem estar na posição de prontidão de pinçar, a uma distância de 3 a 4 cm além do tampo da mesa, com sua parte superior paralela e horizontal em relação ao tampo da mesa. A régua deve ser colocada em posição central entre os dedos polegar e indicador. É solicitado ao avaliado que fixe seu olhar na zona de concentração e pince a régua o mais rápido possível, quando perceber que ela foi solta. São feitas vinte tentativas, e cada uma deve ser precedida do comando *pronto*. O resultado é lido na régua logo acima de onde o avaliado pinçou-a, tendo como referência a parte superior do dedo polegar. São descartadas as cinco tentativas mais rápidas e as cinco mais lentas, tirando-se a média das dez tentativas restantes.

Adaptações

- *Deficiência visual*: para todas as classificações (B1, B2 e B3), deve-se demonstrar o teste por meio do toque e substituir o estímulo visual por um estimulo tátil (haste flexível);
- *Deficiência auditiva*: deve-se substituir o estímulo *pronto* por um estímulo de toque ou visual;
- *Deficiência intelectual*: o teste deve ser mostrado várias vezes, até que o avaliado seja capaz de repeti-lo sozinho;
- *Deficiência física*:
  - *Lesão medular*: a superfície da mesa ou da cadeira deve ser suficientemente alta para que a cadeira de rodas fique posicionada da melhor maneira possível;
  - *Sequela de poliomielite*: não necessita de adaptações.

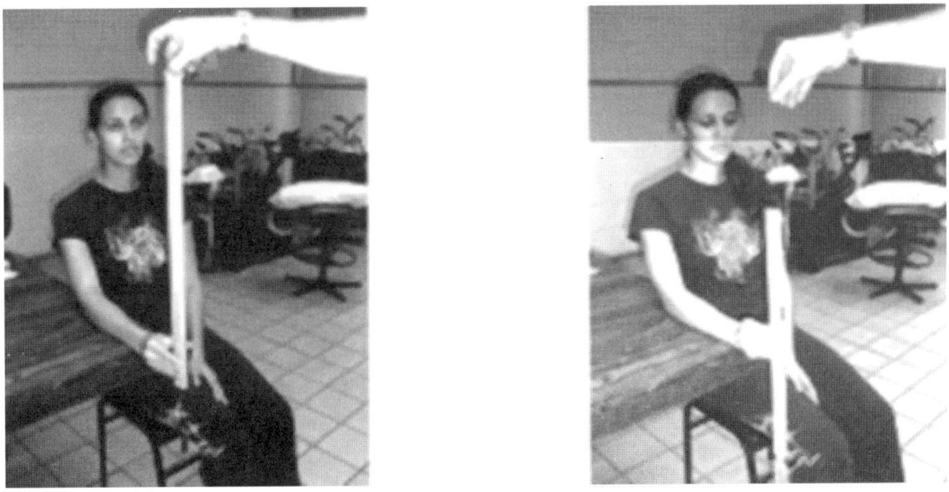

FIGURA 5.17 – Posicionamento para o teste Nelson de reação da mão.

Teste Nelson de reação do pé (Johnson e Nelson, 1979)

Objetivo

Medir a velocidade de reação do pé em resposta a um estímulo visual, a partir de 6 anos de idade.

Equipamentos

- Parede;
- Banco ou mesa;
- Régua de reação.

Procedimento

O indivíduo deve estar sentado na mesa ou no banco, que deve estar a 2,5 cm da parede. Deve estar descalço, com o calcanhar apoiado na mesa, a uma distância de 5 cm da borda da mesa, e a ponta do pé a uma distância aproximada de 2,5 cm da régua. O avaliador segura a régua rente à parede. O zero deve coincidir com a ponta do dedão do pé. É solicitado ao avaliado que se fixe na zona de concentração (zona chuleada da régua) e reaja, pressionando a régua contra a parede, tão rápido quanto possível, utilizando a ponta do pé. São feitas vinte tentativas, e cada uma deve ser precedida do comando *pronto*. O resultado é lido na régua logo acima de onde o avaliado pinçou-a, tendo como referência a parte superior do dedo polegar. São descartadas as cinco tentativas mais rápidas e as cinco mais lentas, tirando-se a média das dez tentativas restantes.

Adaptações

- *Deficiência visual*: para todas as classificações (B1, B2 e B3), deve-se demonstrar o teste por meio do toque e substituir o estímulo visual por um estímulo tátil;
- *Deficiência auditiva*: deve-se substituir o estímulo *pronto* por um estímulo de toque ou visual;
- *Deficiência intelectual*: o teste deve ser mostrado várias vezes, até que o avaliado seja capaz de repeti-lo sozinho;
- *Deficiência física*:
    - *Sequela de poliomielite*: deve-se fazer o teste caso a sequela permita movimentos de membros inferiores.

FIGURA 5.18 – Posicionamento para o teste Nelson de reação do pé.

Medidas da velocidade de membros

Teste de batimento de placas (teste de toque de uma mão) (Eurofit, 1993)

Objetivo

Verificar a velocidade de membros superiores.

Equipamentos

- Superfície rígida (mesa com ajuste de altura, plinto etc.);
- Dois discos de 20 cm de diâmetro de borracha ou material similar;
- Retângulo 10 x 20 cm de borracha ou material similar;
- Cronômetro;
- Fita adesiva para a fixação das placas.

Procedimento

Os pontos centrais dos discos devem estar distantes 80 cm e o retângulo equidistante dos discos e fixado a uma superfície, a qual deve estar na altura da região umbilical. O avaliado posiciona-se em pé de frente às placas; a mão não dominante fica sobre o retângulo e a dominante, sobre um dos discos, cruzando-a sobre a mão não dominante. Ao sinal *vai*, o avaliado deve bater 25 ciclos nos discos, alternadamente com a mão dominante o mais rápido possível. O avaliado faz um ciclo para familiarizar-se com o teste. O avaliador faz a contagem em voz alta de cada ciclo. O teste é executado duas vezes, considerando o menor tempo gasto para realizar a tarefa.

Adaptações

- *Deficiência visual*: para todos as classificações (B1, B2 e B3) o teste deve ser vivenciado por meio do toque, auxiliado pelo avaliador. O retângulo e os discos devem ser feitos de material tátil;
- *Deficiência auditiva*: deve-se substituir o estímulo *vai* por um estímulo de toque ou visual;
- *Deficiência intelectual*: caso necessário, o teste deve ser mostrado várias vezes até que o avaliado seja capaz de repeti-lo sozinho;

- *Deficiência física*:
  - *Cadeirante*: o avaliado, sentado na cadeira de rodas, terá a superfície ajustada na altura do cotovelo. Se necessário, fixar o tronco no encosto da cadeira de rodas;
  - *Amputação unilateral de membro superior*: um objeto com dimensão de 5 x 5 x 10 cm é posicionado horizontalmente sobre a placa retangular.

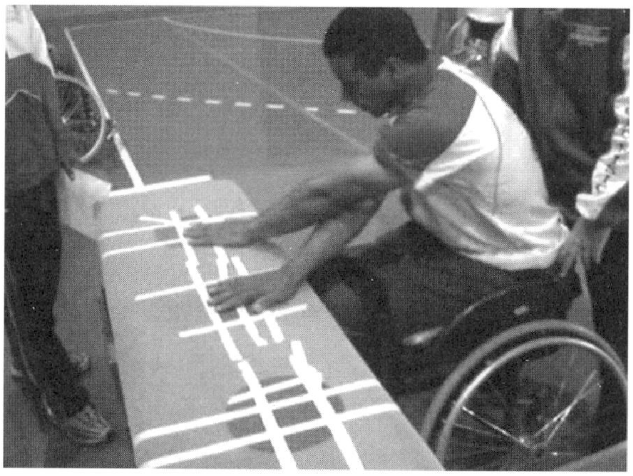

FIGURA 5.19 – Posição para o teste de batimento de placas: cadeirante realizando o teste.

Observações

- Verificar quando iniciar o cronômetro;
- No caso de amputado unilateral de membro superior, verificar a utilização ou não de obstáculo.

Medidas de equilíbrio

Teste equilíbrio do Flamingo (Marins e Giannichi, 1996; Guedes e Guedes, 2006)

Objetivo

Medir o equilíbrio estático geral.

Equipamentos

- Trave de metal com as seguintes dimensões: 50 cm de comprimento, 3 cm de largura e 4 cm de altura. Quando necessário, revestir com material antiderrapante de, no máximo, 5 mm de espessura;
- Suportes de 15 cm de comprimento e 2 cm de largura para dar estabilidade à trave;
- Cronômetro.

Procedimento

O avaliado deve permanecer em equilíbrio sobre a trave utilizando o pé dominante. Deverá flexionar a perna livre para trás, segurando-a com a mão do mesmo lado. O outro braço deve ser utilizado para manter o equilíbrio. O avaliado segura no braço do avaliador para assumir a posição correta. O teste começa quando o avaliado larga o braço do avaliador. O avaliado deve se manter em equilíbrio por 1 minuto e, cada vez que perder o equilíbrio (soltar a perna livre ou tocar o solo com qualquer parte do corpo), o teste deverá parar. Após cada queda, é repetido o mesmo procedimento, até completar 1 minuto.

Resultados

- O número de tentativas necessárias para manter o equilíbrio na trave por 1 minuto;
- O avaliador se coloca em frente ao avaliado. É permitida uma tentativa de familiarização com o teste e para se ter certeza de que o avaliado entendeu a sua execução. O teste deve ser executado logo após essa tentativa.

Precauções

O avaliado deverá executar ensaios prévios experimentando as duas pernas de apoio, para que, depois, defina qual o lado de domínio para que se inicie a avaliação.

Adaptações

- *Deficiência visual*: após descrever o teste, deve-se colocar o deficiente visual na posição inicial e esperar que ele solte o avaliador para iniciar a contagem do tempo;
- *Deficiência auditiva*: deve-se explicar o teste e demonstrá-lo antes da tentativa;
- *Deficiência intelectual*: deve-se explicar o teste e demonstrá-lo quantas vezes forem necessárias antes da tentativa;
- *Deficiência física*:
    - *Amputação unilateral de membro inferior*: o teste é realizado na perna restante.

Observações

- Se o avaliado tiver cinco quedas nos primeiros 30 segundos, o teste termina e o resultado é zero, isto é, o avaliado é incapaz de realizar o teste;
- Se o avaliado cometer 15 penalidades durante os primeiros 30 segundos, o teste deverá ser encerrado, não apresentando condições para executar o teste.

6

Testes de habilidades para atletas de rúgbi em cadeira de rodas: bateria Beck

José Irineu Gorla
Anselmo de Athayde Costa e Silva
Leonardo Trevisan Costa
Décio Roberto Calegari

Bateria Beck de habilidades para rúgbi em cadeira de rodas (Yilla e Sherril, 1998)

As pessoas com deficiência física têm boas perspectivas para reabilitação graças à sua participação no esporte adaptado, e este tem obtido grandes avanços científicos. Segundo Araújo (2006), o termo *esporte adaptado* significa a adaptação de uma modalidade esportiva já praticada pela população dita normal para a prática por pessoas com deficiência.

Araújo (1998) apresenta o início do Esporte Adaptado no período da Segunda Guerra Mundial, quando o médico alemão de origem judaica Ludwig Von Guttmann adaptou a prática do basquete para indivíduos com lesão medular feridos na guerra. Surgia, assim, o esporte em cadeira de rodas, que logo se disseminou por todo o mundo.

Yilla e Sherril (1998) definem o rúgbi como sendo um esporte em cadeira de rodas dinâmico, desenvolvido para pessoas com tetraplegia. O esporte surgiu no Canadá, em 1979, como alternativa para aqueles atletas com limitações de força nos membros superiores que estavam impedidos de jogar o basquete em cadeira de rodas.

Segundo os mesmos autores, o esporte é jogado por dois times de quatro jogadores cada (quatro reservas), em uma quadra com as mesmas dimensões da quadra de basquetebol. Os gols são anotados quando os atletas ultrapassam a linha de fundo da quadra adversária carregando a bola.

Para permitir uma participação igualitária por parte dos atletas dentro das equipes, há um sistema de classificação funcional, em que os atletas são classificados de acordo com seu volume de jogo, variando de 0,5 (pontuação mínima) a 3,5 (pontuação máxima que indica maior mobilidade). A soma dos pontos dos atletas que estão em quadra jamais pode ultrapassar 8,0 pontos.

Segundo dados da Associação Brasileira de Rúgbi em Cadeira de Rodas (ABRC, 2009), a Federação Internacional de Rúgbi em Cadeira de Rodas foi criada em 1993 com sete países membros. Atualmente, a entidade está no processo de desligamento de sua entidade-mãe, a IWAS, Associação Internacional de Desporto em Cadeira de Rodas, para se tornar uma entidade independente e responsável pela administração do esporte. Até o momento, o esporte conta com 23 países ranqueados e 6 que já desenvolvem a modalidade. As principais potências no rúgbi são os países fundadores, os EUA e o Canadá, e as nações oceânicas da Austrália e a Nova Zelândia.

A modalidade foi introduzida nas Paraolimpíadas de Atlanta (1996) e, desde 2000, (Sidney) faz parte do programa oficial dos jogos.

Acredita-se que esta bateria seja um instrumento importante para a avaliação dos atletas de rúgbi. A bateria de testes consiste de cinco testes criados especificamente para avaliar as habilidades do rúgbi em cadeira de rodas:

- Teste de manejo de bola;
- Teste de precisão de passes;
- Teste de desempenho de bloqueio;
- Teste de velocidade 20 metros;
- Teste de passes de longa distância.

A ficha de coleta dos dados referentes aos testes é encontrada no Anexo A.

Teste de manejo de bola

Este teste mensura a habilidade de manejo de bola. São duas tentativas de 30 segundos cada. O atleta manobra através do percurso, o mais rapidamente possível, com a bola, driblando de acordo com as regras oficiais do rúgbi em cadeira de rodas. Cada vez que o atleta passar pela linha mediana dos "portões", soma-se 1,0 ponto. A pontuação para cada tentativa é o número total de "portões" concluídos em 30 segundos.

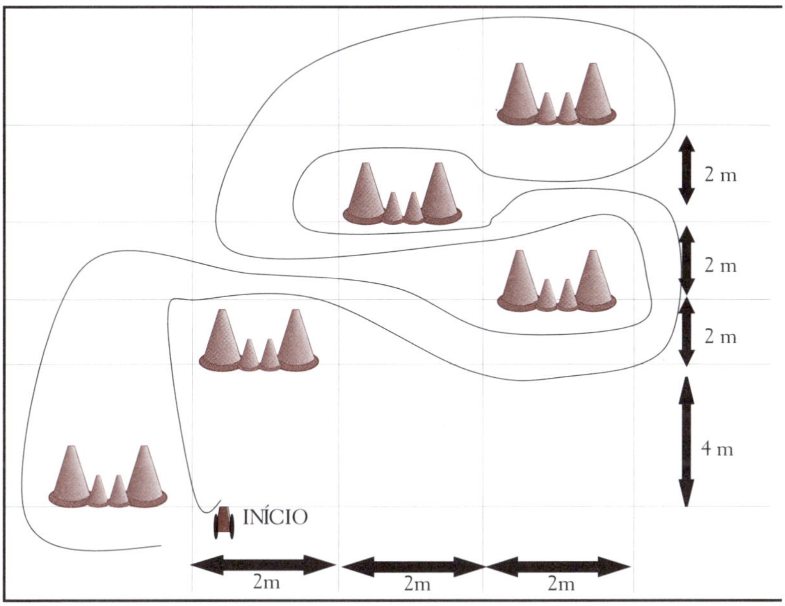

FIGURA 6.1 – Percurso do teste de manejo de bola.

Teste de precisão de passes

Este teste avalia a precisão do passe. São duas tentativas, com três passes em cada. O atleta projeta a bola ao alvo da forma na qual esteja melhor adaptado. A pontuação para cada tentativa é o valor designado no ponto em que tocar na bola (chão ou parede). Se a bola cair fora da zona de pontuação, não são atribuídos pontos. A pontuação para cada tentativa é o valor total dos três arremessos.

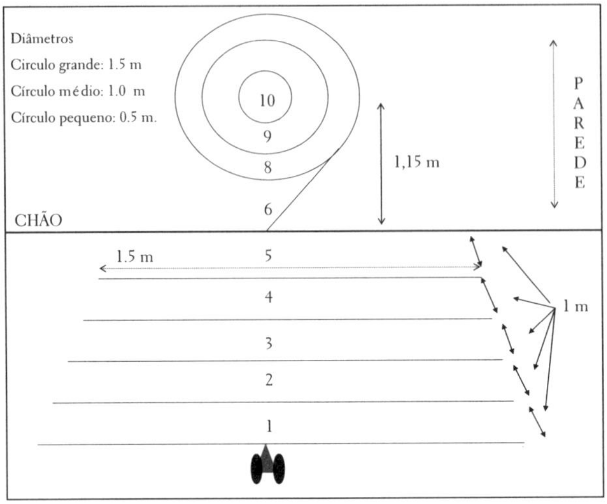

FIGURA 6.2 – Teste de precisão de passes.

Teste de desempenho de bloqueio

Este teste avalia a habilidade do atleta em efetuar bloqueios. São duas tentativas. O atleta deverá se deslocar o mais rápido possível para efetuar o bloqueio na cadeira A, utilizando a parte apropriada de sua própria cadeira. Posteriormente, deverá realizar o mesmo com a cadeira *B*. Após realizar o bloqueio na cadeira *B*, deverá retornar à cadeira A e realizar outro bloqueio em seu outro lado. Esse processo continua, devendo ser efetuado dois bloqueios em cada cadeira durante o percurso. A pontuação de cada tentativa é o tempo expendido para completar o percurso.

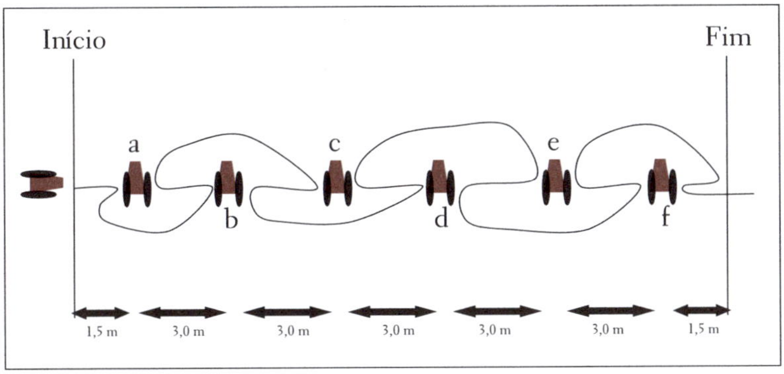

FIGURA 6.3 – Percurso do teste de desempenho de bloqueio.

Teste de velocidade 20 metros

Este teste mensura a velocidade e consiste em duas tentativas. O atleta se posiciona em frente ao percurso de 20 metros (atrás da linha de fundo da quadra), em linha reta, delimitado por cones em sua extremidade. Ao sinal, o atleta deverá correr até ultrapassar os cones da outra extremidade. A pontuação de cada tentativa é o tempo expendido para completar o percurso.

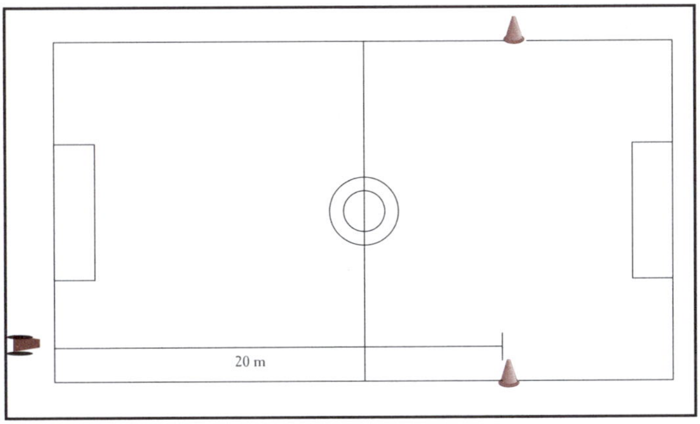

FIGURA 6.4 – Percurso do teste velocidade 20 metros.

Teste de passes de longa distância

Este teste avalia a habilidade do atleta em realizar passes longos. São duas tentativas, com a realização de três passes em cada. Inicialmente, o atleta se posiciona atrás da linha de arremesso demarcada por cones (linha de fundo da quadra). Em seguida, o atleta deverá arremessar a bola o mais distante possível, podendo, para isso, utilizar qualquer tipo de passe. A pontuação para cada tentativa é o valor designado no ponto em que tocar na bola primeiro, sendo o valor total a soma dos três arremessos.

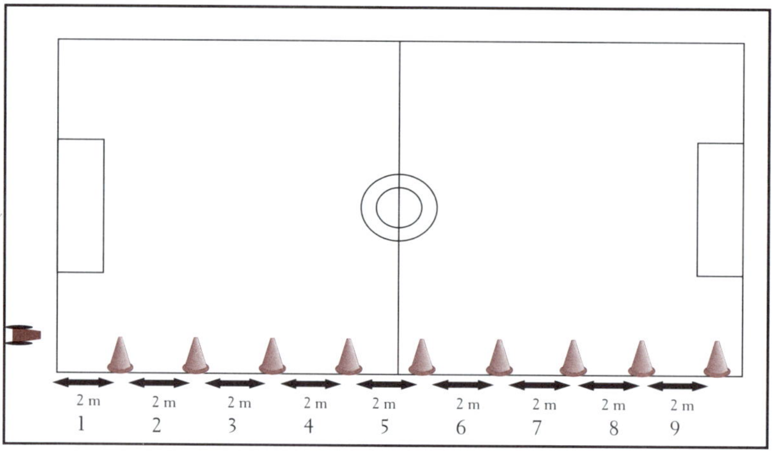

FIGURA 6.5 – Teste de passes de longa distância.

7
Avaliação psicológica

Vanessa Helena Santana Dalla Déa
Vicente Paulo Batista Dalla Déa
Viviane Portela Tavares

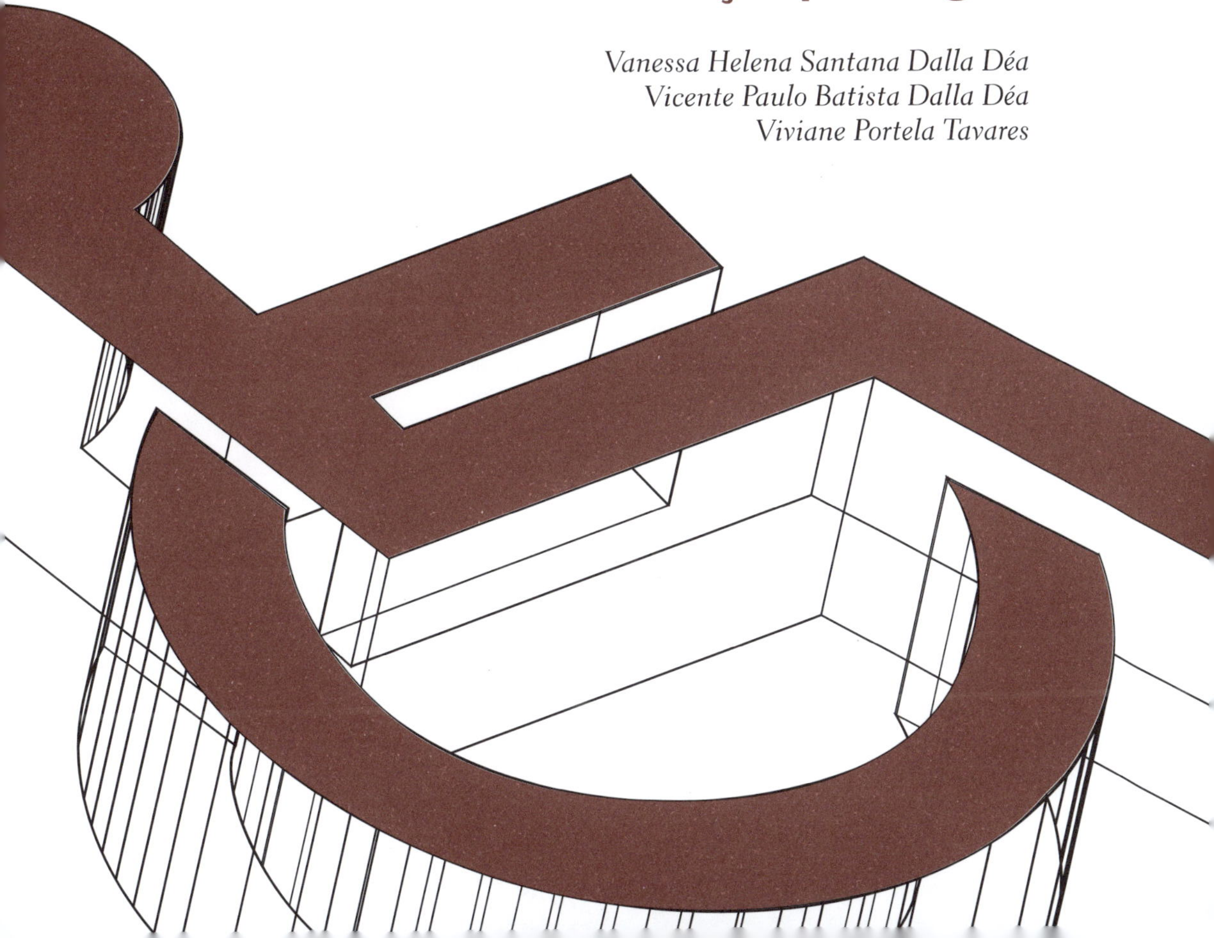

Escala fatorial de autoconceito (EFA) (Tamayo, 1981)

Objetivo

Avaliar o autoconceito do indivíduo por meio de suas dimensões (somática, pessoal, social e ético-moral), com itens claros, precisos e de fácil compreensão.

Conceitos básicos

O autoconceito é composto por características do indivíduo utilizadas para a definição de si mesmo, utilizadas como reguladoras de seus comportamentos. A escala fatorial do autoconceito (EFA) foi elaborada por Tamayo (1981), com base nos estudos de Willian James, o primeiro autor da psicologia que se dedicou ao estudo do autoconceito, publicado em 1890. Para a área da Educação Física, a EFA pode proporcionar o conhecimento do traço psicológico com riquíssimos dados do perfil do praticante, do aluno ou do atleta.

Procedimentos

A EFA pode ser aplicada coletiva ou individualmente, dependendo das necessidades dos pesquisados, das condições para a realização da pesquisa e do número de participantes. A explicação do objetivo da avaliação e do significado de cada um dos sete itens da escala facilita sua compreensão e aplicação. Deve-se escolher um ambiente sem estímulos visuais e auditivos que dispersem a atenção do pesquisado. Quando aplicada coletivamente, deve-se separar os avaliados de forma que não tenham contato visual com o questionário de outro avaliado e solicitar que o preenchimento seja feito em silêncio, sem comentar as respostas. As instruções devem ser lidas juntamente com o avaliado para o esclarecimento de possíveis dúvidas. É importante salientar ao avaliado que suas respostas devem dizer respeito à maioria das situações por ele vivenciadas, e não a uma situação específica.

Equipamentos

- Cópias da EFA para cada avaliado;
- Caneta;
- Prancheta;
- Carteira;
- Mesa ou um local firme para preenchimento do instrumento.

Observações

- Procure dar uma resposta para cada atributo, e somente uma;
- Responda sinceramente, porém sem pensar demais. A primeira resposta que vem à sua cabeça é sempre a melhor;
- Não passe para a página seguinte antes de terminar a que você já começou, nem volte a consultar as páginas já respondidas;
- As suas respostas ficarão em sigilo.

Adaptações

Deficiência intelectual

Aplicar a EFA verbalmente pode facilitar seu entendimento e propiciar explicações mais detalhadas sempre que necessário. A utilização dos significados dos sete itens da escala no lugar dos números também pode facilitar o entendimento, tornando-os mais objetivos e menos abstratos. Caso o avaliado não apresente condições de entender o instrumento, a avaliação deve ser cancelada.

Deficiência visual

A não-visualização da escala dificulta a compreensão dos significados dos números. Assim, a utilização de seus significados pode ser esclarecedora também nesse caso. A aplicação deve ser verbal.

Deficiências física e auditiva

Desde que alfabetizados, não serão necessárias adaptações. Caso a deficiência física impossibilite ou dificulte a escrita, o avaliador deverá preencher a EFA com base nas informações do avaliado.

As instruções e o modelo do testes estão no Anexo B.

Percepção do autoconceito infantil (PAI) (Villa Sanches e Escribano, 1999)

Objetivo

Avaliar por meio de linguagem adequada o autoconceito da criança em idade escolar.

Conceitos básicos

O conceito que a criança forma dela própria é construído com base em vivências e observações que ela faz de si mesma, de seu comportamento e nas informações oferecidas pelas pessoas significativas, como mãe, pai, professores, avós, irmãos, amigos etc. Para a elaboração do PAI, Villa Sanches e Escribano

(1999) consideraram dez aspectos pertinentes ao autoconceito da criança em idade pré-escolar:

- Autonomia;
- Segurança;
- Competitividade;
- Ambiente familiar;
- Ambiente escolar;
- Aspecto social;
- Sentimento afetivo;
- Autovalor;
- Aspecto físico;
- Sentimento de posse.

Equipamentos

- Cópias do instrumento de PAI;
- Caneta;
- Prancheta ou mesa para preenchimento;
- Local com pouco estímulo visual e auditivo.

Procedimento

O PAI poderá ser aplicado individual ou coletivamente. Para a escolha da alternativa, pode-se simplesmente fazer um X na situação desenhada mais adequada para a criança ou pintá-la. Considerando-se que para esta avaliação são utilizadas 34 questões e que o tempo necessário para sua realização pode ser superior ao de atenção da criança nessa faixa etária, podem-se dividir as questões em alguns grupos, proporcionando intervalos entre seus preenchimentos.

Adaptações

Deficiência intelectual

As respostas em desenho facilitam o entendimento do instrumento, tornando as informações concretas com exemplos reais e dando maiores chances de serem compreendidas por crianças com dificuldades de entendimento. As crianças com deficiência intelectual têm nível de atenção reduzido, necessitando de menor tempo de exigência intelectual.

Deficiência visual

A aplicação deve ser verbal, utilizando-se da leitura da questão com a interpretação do desenho em pequenas histórias.

Deficiências física e auditiva

Não são necessárias adaptações. Caso a deficiência física impossibilite ou dificulte marcar ou pintar o desenho escolhido, o avaliador deverá fazê-lo com base nas informações do avaliado.

O modelo do teste está no Anexo C.

Avaliação do estado de humor (POMS) (Peluso, 2003)

Objetivos

O POMS (*Profile of Mood State Questionare*) é um instrumento utilizado para avaliar os estados emocional e de humor. Este questionário é um dos mais utilizados no mundo e, atualmente, na avaliação psicológica no esporte, por ser de rápida e fácil aplicação e apresentar informações pertinentes à preparação de atletas. Foi validado para a área de Educação Física por Peluso (2003).

Conceitos básicos

O estado de humor é a avaliação de um estado psicológico, isto é, de como está o indivíduo psicologicamente em um momento recente. O POMS permite avaliar precisamente seis estados de humor:

- *Tensão–ansiedade*: indica aumento de tensão musculoesquelética e preocupação;
- *Depressão–melancolia*: representa estado emocional de tristeza, desânimo, infelicidade e solidão;
- *Hostilidade–ira*: estado de humor de antipatia em relação aos outros;
- *Vigor–atividade*: relaciona-se ao estado de energia e ao vigor físico e psicológico;
- *Fadiga–inércia*: representa estado de cansaço e baixa energia;
- *Confusão–desorientação*: caracteriza-se por um estado de confusão e baixa lucidez.

Interpretação

Por meio dos resultados desse instrumento, é possível observar se o atleta apresenta características adequadas para seu bom rendimento, com base no *perfil de iceberg*. Este fato é observado por meio da curva do gráfico, que apresenta os resultados obtidos pelo atleta em boas condições psicológicas para um bom rendimento no esporte, em que o vigor é superior aos fatores negativos estudados no POMS, podendo apresentar o atleta um *perfil não-iceberg*, no qual a raiva é superior ao vigor, ou, ainda, um *perfil iceberg invertido*, no qual a depressão apresenta resultados maiores que o vigor.

Exemplos:

Gráfico 7.1 – Perfil *iceberg*

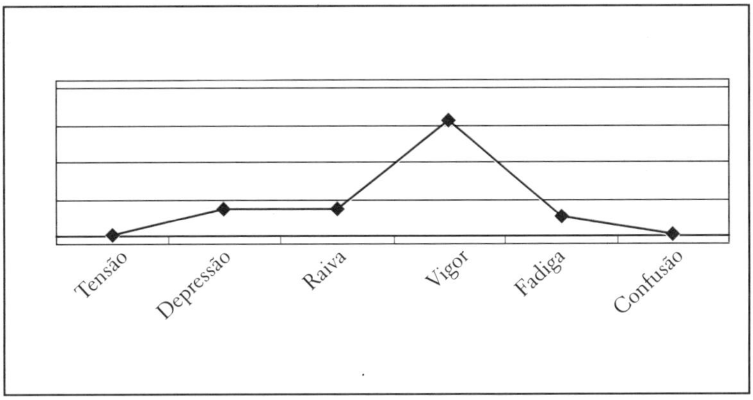

Gráfico 7.2 – Perfil não-*iceberg*

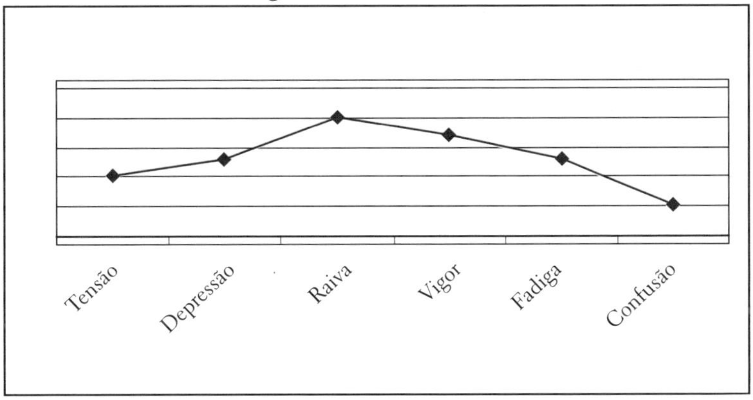

Gráfico 7.3 – Perfil *iceberg* invertido

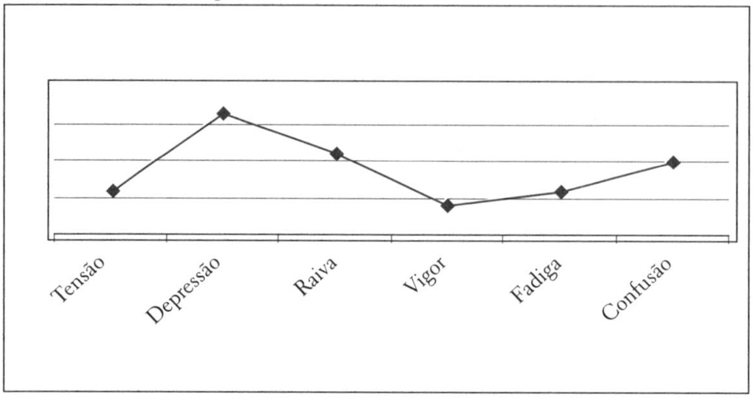

Para a análise dos gráficos, deve-se verificar a porcentagem de acerto em cada item e considerar que o valor de 50% é estabelecido como a média dos valores da população não atleta, e os valores de 40% e 60% são considerados desvios padrões dessa população. Para uma população de atletas, espera-se como ideal um valor igual ou maior que 60% para o fator vigor e menor que 40% para os fatores negativos (tensão, depressão, hostilidade, fadiga e confusão).

Adaptações

Deficiência intelectual

Utilizar a verbalização para facilitar o entendimento, proporcionando exemplos, se necessário. Se na tentativa da avaliação for detectada impossibilidade de entendimento, deve-se interrompê-la.

Deficiência visual

A aplicação deve ser verbal. Pessoas com deficiência visual não tem demonstrado dificuldade de entendimento dos itens do POMS.

Deficiências física e auditiva

Não serão necessárias adaptações. Caso a deficiência física impossibilite ou dificulte marcar a opção escolhida, o avaliador deverá fazê-lo pelo avaliado.

As instruções e o modelo do teste estão no Anexo D.

Avaliação de depressão (BDI) (Beck et al., 1961)

Objetivo

Avaliar a depressão por meio de itens referentes a tristeza, pessimismo, sensação de fracasso, falta de satisfação, sensação de culpa e punição, autodepreciação, autoacusações, ideias suicidas, crises de choro, irritabilidade, retração social, indecisão, distorção da imagem corporal, inibição para o trabalho, distúrbio do sono, fadiga, perda de apetite e peso, preocupação somática, diminuição de libido etc.

Conceitos básicos

O Inventário de Depressão de Beck (BDI) teve sua versão original publicada em 1961 (Beck et al., 1961), já foi traduzido para diversos idiomas e validado em vários países e é, provavelmente, a medida de autoavaliação de depressão mais usada, sendo composta por 21 itens, incluindo sintomas e atitudes, cuja intensidade varia de 0 a 3.

Interpretação

Kendal et al. (1987) apresentam uma proposta de pontos de corte para distinguir os níveis de depressão utilizando o BDI, recomendando resultados acima de 15 (soma dos pontos) para detectar disforia, e concluem que o termo *depressão* deve ser apenas utilizado para os indivíduos com resultados acima de 20, preferencialmente com diagnóstico clínico concomitante.

Procedimentos

Pode ser aplicado tanto individualmente quanto em grupo. O avaliado deve escolher apenas uma alternativa em cada uma das 21 questões após ler todas as quatro alternativas (de 0 a 3).

Equipamentos

- Caneta;
- Formulários;
- Local firme para preenchimento.

Adaptações

Deficiência intelectual

Utilizar a verbalização para facilitar o entendimento, proporcionando exemplos, se necessário. Se na tentativa da avaliação for detectada impossibilidade de entendimento, deve-se interrompê-la.

Deficiência visual

Ler e apresentar verbalmente quantas vezes forem necessárias as opções, proporcionando o tempo necessário para a decisão e a indicação da alternativa mais adequada para o avaliado.

Deficiências física e auditiva

Não serão necessárias adaptações. Caso a deficiência física impossibilite ou dificulte marcar a opção escolhida, o avaliador deverá fazê-lo pelo avaliado.

As instruções e o questionário estão no Anexo E.

Avaliação da qualidade de vida

Objetivo

Avaliar por meio do questionário WHOQOL-100 a qualidade de vida.

Conceitos

O questionário *World Health Organization Quality of Life* (WHOQOL), desenvolvido pela Organização Mundial de Saúde (OMS), é um instrumento para avaliar a qualidade de vida. É composto por seis domínios, dividido em 24 facetas:

- *Físico*: dor e desconforto; energia e fadiga; sono e repouso;
- *Psicológico*: sentimentos positivos; pensar, aprender, memória e concentração; autoestima; imagem corporal e aparência; sentimentos negativos;

- *Nível de independência*: mobilidade, atividade de vida cotidiana, dependência de medicação ou de tratamentos, capacidade de trabalho;
- *Relações sociais*: relações sociais; suporte social; atividade sexual;
- *Meio ambiente*: segurança física e proteção; ambiente no lar; recursos financeiros; cuidados de saúde e sociais; oportunidade de adquirir novas informações e habilidades; participação e oportunidades de recreação ou lazer; ambiente físico; transporte;
- Aspectos religiosos.

Equipamentos

- Questionário WHOQOL-100 traduzido e validado na versão portuguesa para o Brasil.

Procedimentos

O avaliado deve responder ao questionário de acordo com a sua percepção da qualidade de vida nas últimas duas semanas. O questionário pode ser autoaplicado, assistido ou aplicado pelo entrevistador. O avaliado não deve preencher o instrumento acompanhado de familiar, cônjuge ou companheiro. O tempo médio gasto na aplicação do questionário varia entre 20 e 30 minutos.

As instruções e o questionário estão no Anexo F.

8
Avaliação de aspectos posturais

Ledimar Brianeze
Marília Passos Magno e Silva

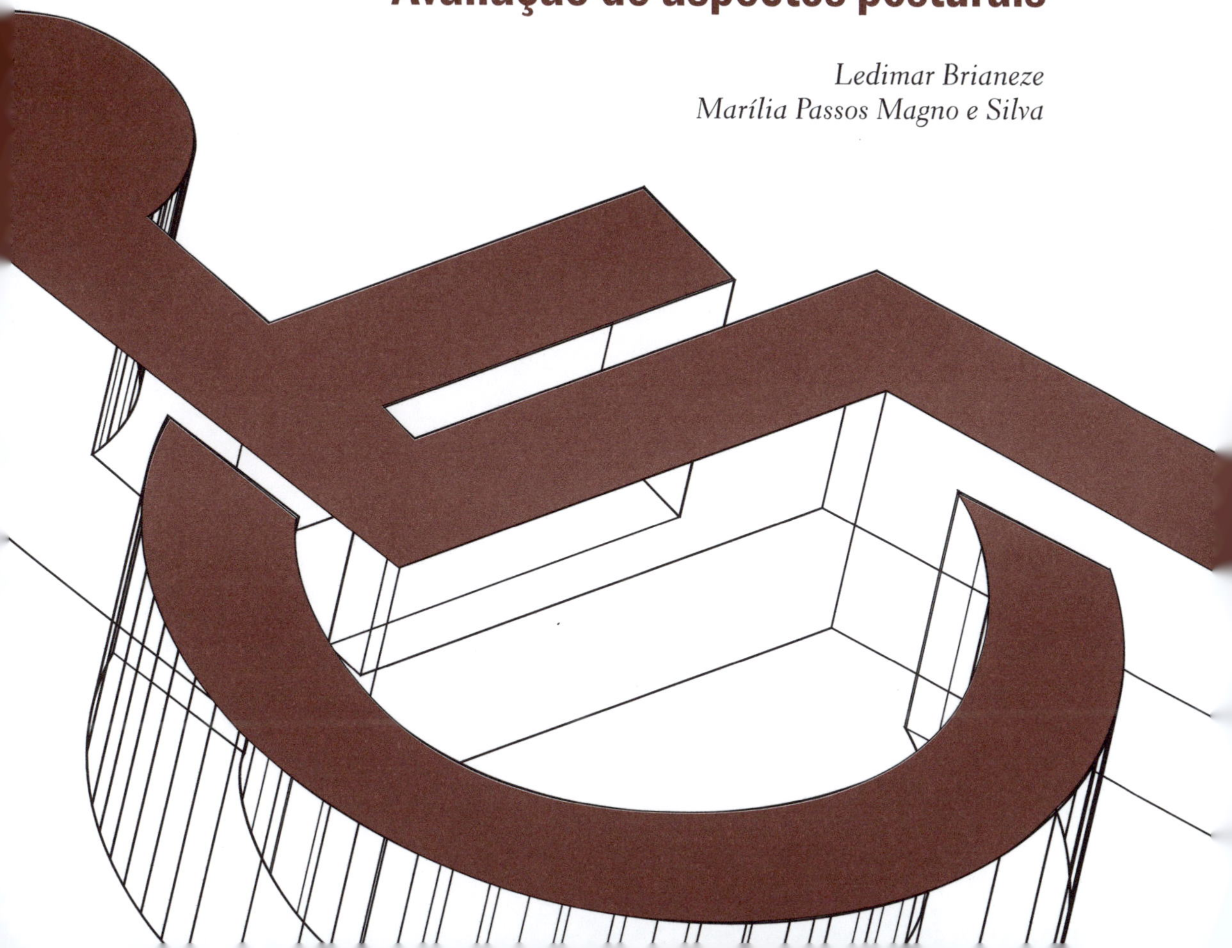

Conceito de postura

Postura correta é a posição em que as articulações sofrem o mínimo estresse, resultando em mínima atividade muscular necessária para manter a posição. A postura incorreta aumenta o estresse sobre as estruturas.

Alterações posturais podem ter causas ditas posicionais ou estruturais. A primeira está relacionada ao mal hábito postural, à postura utilizada no dia a dia do indivíduo, aos desequilíbrios musculares etc. As alterações posturais posicionais podem ser de mais fácil correção com exercícios de alongamento, fortalecimento e treino de postura. A segunda resulta de anomalias congênitas, problemas no desenvolvimento, trauma e/ou doença, desenvolvendo, em sua maioria, alterações estruturais, sendo o tratamento mais específico ou até mesmo cirúrgico.

O diagnóstico precoce é de grande importância; assim que uma alteração postural for detectada, o indivíduo deve ser encaminhado a um médico que possa avaliar o caso de forma adequada, indicando o melhor tratamento.

Curvaturas normais da coluna vertebral

- *Lordose*: visualizada na avaliação de perfil, caracterizada por uma curvatura anterior da coluna e presente na região cervical e lombar;
- *Cifose*: visualizada na avaliação de perfil, caracterizada por uma curvatura posterior da coluna e presente na região dorsal.

Curvaturas anormais da coluna vertebral

- *Hiperlordose*: visualizada na avaliação de perfil, caracterizada por excessiva curvatura anterior da coluna e presente nas regiões cervical e lombar;
- *Hipercifose*: visualizada na avaliação de perfil, caracterizada por excessiva curvatura posterior da coluna e presente nas regiões cervical e lombar;

- *Escoliose*: visualizada na avaliação posterior e caracterizada por desvio lateral da coluna vertebral.

Objetivo da avaliação postural

Verificar a postura determinando os padrões posturais de cada indivíduo.

O protocolo

Para a realização do protocolo proposto por Kendall, McCreary e Provance (1990), é necessária a utilização de um fio de prumo (normalmente utilizado por pedreiros), que deve estar preso no teto da sala, a uma distância de 1,10 metro de uma parede, a qual deverá ser lisa e ter desenhado um retângulo de 1,90 por 1,10 metro, sendo todo quadriculado em quadrados de 10 x 10 cm. O fio de prumo deve ser alinhado exatamente com a linha central do retângulo que foi desenhado na parede. O avaliado deverá ficar posicionado entre a parede e o fio de prumo, como vemos na Figura 8.1.

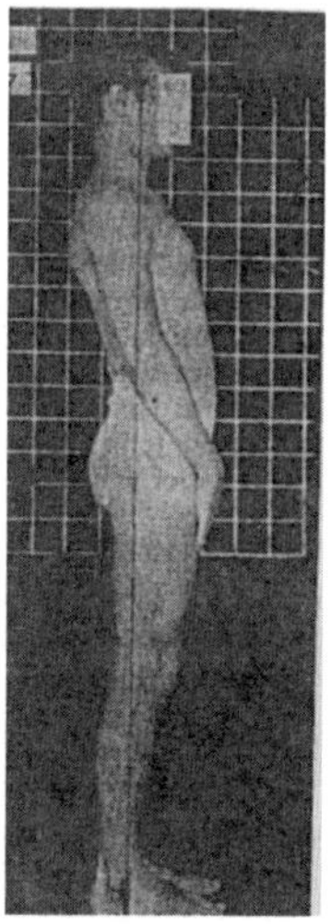

FIGURA 8.1 – Desenho do retângulo na parede (ao fundo) e o fio de prumo (à frente).

Se a instituição possuir condições, o fio de prumo e o desenho do quadro quadriculado na parede poderão ser substituídos por um simetrógrafo.

O alinhamento ideal de prumo trata de pontos específicos do corpo humano que devem coincidir com o fio de prumo ou a linha central do simetrógrafo. As observações referentes à postura do avaliado serão anotadas em ficha, comparando a disposição desses pontos com referência no fio de prumo.

Em todos os testes, a superfície em que o avaliado estiver deve estar totalmente plana, pois, se houver uma pequena inclinação nessa superfície, resultará em uma avaliação postural não consistente.

Equipamentos

Lápis dermográfico

É um lápis fabricado para facilitar a escrita sob a pele. É utilizado para marcar os processos espinhosos, a fim de se observar a posição da coluna vertebral em casos de desvio lateral. Pode ser substituído por caneta hidrocor (Figura 8.2).

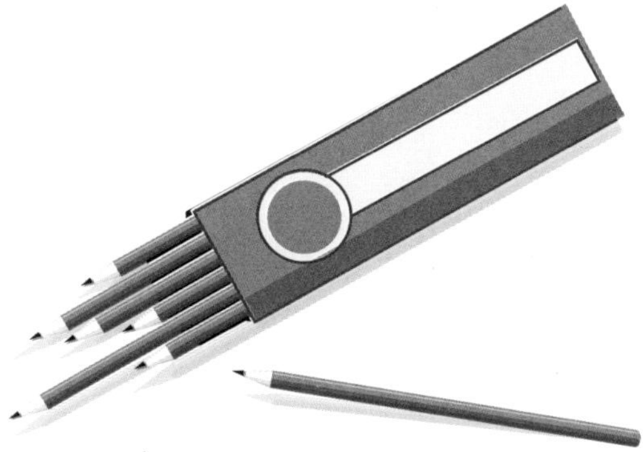

FIGURA 8.2 – Lápis dermográfico.

Simetrógrafo

É um quadro quadriculado utilizado para melhor visualização e análise de possíveis desvios posturais (Figura 8.3).

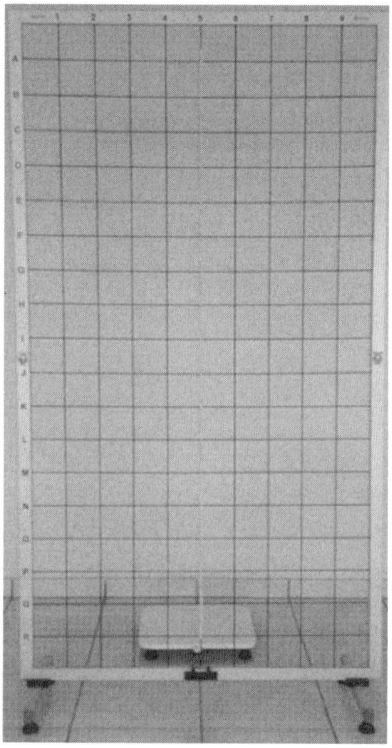

FIGURA 8.3 – Simetrógrafo.

Plataforma do simetrógrafo

Esta é a plataforma que está localizada atrás do simetrógrafo, na qual o aluno se posicionará sobre (Figura 8.4).

FIGURA 8.4 – Plataforma do simetrógrafo.

Algodão e álcool

Utilizados para a limpeza da pele após a avaliação.

Roupas

Para a realização da avaliação postural, os meninos devem estar vestindo sunga e as meninas, um maiô de duas peças (biquíni).

Procedimentos

Demarcação dos processos espinhosos

O avaliador deve ficar atrás do avaliado, e este deverá flexionar a cabeça para facilitar a marcação dos processos espinhosos cervicais. Para a demarcação dos processos das regiões torácica e lombar, o avaliado deverá realizar a flexão do tronco. A marcação dos processos espinhosos deve ser realizada desde as vértebras cervicais até as vértebras lombares.

Após a marcação, o avaliado deverá ser posicionado em uma postura ortostática estática sobre a plataforma do simetrógrafo, sendo, então, realizada a avaliação postural.

Teste 1: Alinhamento ideal de prumo – vista lateral

Quando nos referirmos ao termo *linha central do simetrógrafo*, entenda-se fio de prumo para quem estiver utilizando-o.

Posicionamento do avaliado

O avaliado deve ser posicionado de modo que a linha central do simetrógrafo fique 2,5 cm à frente do maléolo lateral.

O avaliador deve estar posicionado de frente para o simetrógrafo, a uma distância de 2 metros deste e alinhado com sua linha central.

O alinhamento ideal proposto por Kendall (1990) indica que o fio de prumo ou a linha central do simetrógrafo deve passar pelos seguintes pontos do corpo humano, quando em vista lateral:

- Ligeiramente posterior ao ápice da sutura coronal;
- Através do lóbulo da orelha;
- Através do meato auditivo externo;
- Através do processo odontoide do áxis;
- Através dos corpos das vértebras cervicais;
- Através da articulação do ombro (desde que os braços pendam em alinhamento normal em relação ao tórax);
- Aproximadamente pelo meio do tronco;

- Através dos corpos das vértebras lombares;
- Através do promontório do sacro;
- Ligeiramente posterior ao centro da articulação do quadril;
- Aproximadamente através do trocânter maior do fêmur;
- Ligeiramente anterior maior ao centro da articulação do joelho;
- Ligeiramente anterior a uma linha que passa pelo meio do joelho;
- Através da articulação calcâneo-cuboide;
- Ligeiramente anterior ao maléolo lateral.

Veja na Figura 8.5 o modelo de alinhamento ideal de prumo, vista lateral.

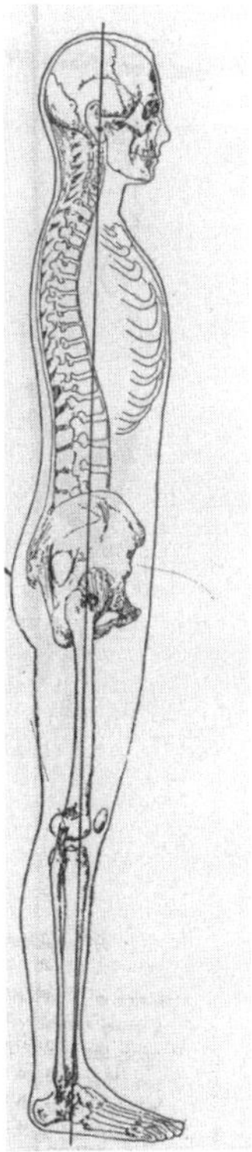

FIGURA 8.5 – Alinhamento ideal de prumo, vista lateral.

Análise postural

Com a linha central do simetrógrafo alinhada com um ponto logo à frente do maléolo lateral (2,5 cm), a relação do corpo como um todo com a linha central do simetrógrafo é observada e registrada. Devem ser observados ambos os lados, direito e esquerdo, com a finalidade de detectar defeitos de rotação.

Neste teste é analisado se a cabeça se encontra em posição neutra (coincidente com o ponto do alinhamento ideal), anterior ou posterior ao ponto do alinhamento ideal; se a região da coluna cervical é normal, anterior ou hiperextendida; se as curvaturas ântero-posteriores da coluna são normais ou acentuadas; se a posição do quadril é normal ou há inclinação anterior; e se os joelhos são normais (coincidem com o ponto do alinhamento ideal), hiperextendidos (posteriores à linha central do simetrógrafo) ou semifletidos, (anteriores à linha central do simetrógrafo).

As observações referentes aos seguimentos devem ser anotadas na Ficha 1 (Quadro 8.1).

Quadro 8.1 – Ficha de teste 1 – alinhamento ideal de prumo: vista lateral

Nome do avaliado:				
Alinhamento ideal de prumo: vista lateral				
Cabeça	☐ Neutra	☐ Anterior	☐ Posterior	
Coluna cervical	☐ Normal	☐ Anterior	☐ Hiperextendida	☐ Posterior
Coluna torácica	☐ Normal	☐ Flexão aumentada – indica hipercifose		
Coluna lombar	☐ Normal	☐ Hiperextendida – indica hiperlordose		
Pelve	☐ Normal	☐ Inclinação anterior		
Joelhos	☐ Normal	☐ Hiperextendidos	☐ Semifletidos	

Teste 2: Alinhamento ideal de prumo – vista posterior

Posicionamento do avaliado

O avaliado deve ser posicionado de costas para o simetrógrafo ou fio de prumo, de modo que a linha central do simetrógrafo fique equidistante de seu calcanhar, ou seja, o calcanhar direito deve estar afastado da linha central do simetrógrafo na mesma distância que o esquerdo está afastado.

O avaliador deve estar posicionado de frente para o simetrógrafo a uma distância de 2 metros deste e alinhado com sua linha central.

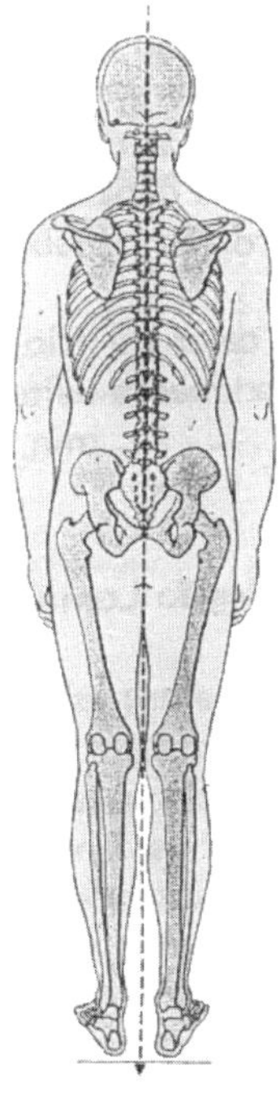

FIGURA 8.6 – Alinhamento ideal de prumo, vista posterior.

Análise postural

Com a linha central do simetrógrafo entre os calcanhares, a relação entre o corpo ou suas partes e a linha central é expressa como boa ou como desvios para a direita ou para a esquerda, e assim são registradas no gráfico. Ao examinar indivíduos portadores de escoliose, é especialmente importante observar a relação entre a postura global e a linha central do simetrógrafo.

Neste teste, é analisado se a cabeça se encontra em posição neutra, com inclinação para a esquerda ou para a direita e/ou com rotação para a esquerda ou direita. É comum a prevalência de rotação e inclinação da cabeça no mesmo indivíduo. Verifica-se, também, se a região da coluna cervical é normal (alinhada) ou com curvatura convexa para a esquerda ou para a direita; se os ombros são normais (alinhados) ou se um ombro é mais elevado que outro; se as escápulas são normais, elevadas ou deprimidas e/ou encontram-se em adução ou abdução; se a região toracolombar da coluna vertebral é normal (alinhada) ou com curvatura convexa para a esquerda ou para a direita; e se a posição do quadril é normal (alinhado) ou se um dos lados é mais elevado que o outro.

Para o indivíduo que possuir a coluna vertebral convexa somente para uma metade do corpo (lado direito ou esquerdo), deverá ser assinalado em sua ficha o item *Escoliose – Tipo C*, ou se o indivíduo possuir a coluna vertebral convexa ora para uma metade do corpo e ora para a outra metade, deverá ser assinalado em sua ficha o item *Escoliose – Tipo S*.

As observações referentes aos seguimentos devem ser anotadas na Ficha 2 (Quadro 8.2).

Quadro 8.2 – Ficha de teste 2 – alinhamento ideal de prumo: vista posterior

Nome do avaliado:				
Alinhamento ideal de prumo: vista posterior				
Cabeça	☐ Neutra	☐ Inclinação direita/esquerda		☐ Rotação direita/ esquerda
Coluna cervical	☐ Neutra	☐ Convexa à direita		☐ Convexa à esquerda
Ombros	☐ Normal	☐ Direito elevado		☐ Esquerdo elevado
Escápulas	☐ Normal	☐ Abduzida	☐ Elevadas	☐ Deprimidas
Coluna toracolombar	☐ Neutra	☐ Convexa à direita		☐ Convexa à esquerda
Pelve	☐ Normal	☐ Elevação direita		☐ Elevação esquerda
Escoliose	☐ Ausente	☐ Tipo C	☐ Tipo S	

Teste 3: Alinhamento ideal de prumo – vista anterior

Posicionamento do avaliado

O avaliado deve ser posicionado de frente para o simetrógrafo ou fio de prumo, que deve passar pela ponta do nariz, pelo manúbrio do esterno, pelo processo xifoide e pelo umbigo.

O avaliador deve estar posicionado de frente para o simetrógrafo a uma distância de 2 metros deste e alinhado com sua linha central.

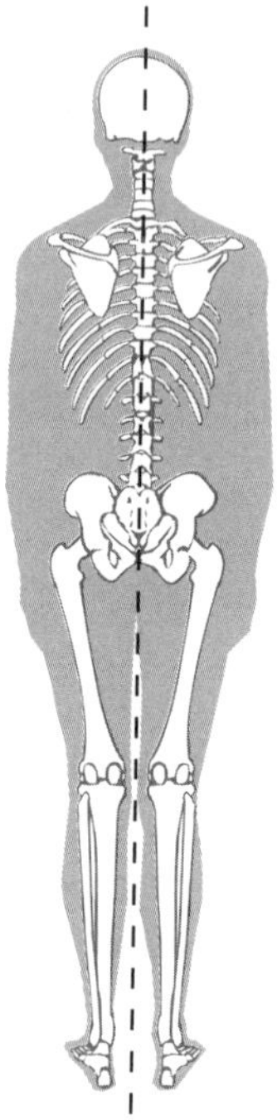

FIGURA 8.7 – Alinhamento ideal de prumo, vista anterior.

Análise postural

Verificar a posição da cabeça, se está neutra, rodada ou inclinada; o posicionamento do queixo, elevado ou retraído; a linha do trapézio e do pescoço; o nivelamento dos ombros e das clavículas, em que pode ocorrer desnível na linha dos ombros e a clavícula pode estar inclinada; as costelas; os ângulos da cintura (ângulo de Talle), que podem auxiliar na definição da escoliose quando um braço pende mais próximo ao corpo em relação ao outro; o posicionamento da palma das mãos, que indica rotação dos braços lateral ou medialmente; a crista ilíaca; o posicionamento dos joelhos, que podem estar rodados interna ou externamente; e os pés, que podem ser planos ou cavos.

Quadro 8.3 – Ficha de teste 3 – alinhamento ideal de prumo: vista anterior

Nome do avaliado:			
Alinhamento ideal de prumo: vista anterior			
Cabeça	☐ Neutra	☐ Inclinação direita/esquerda	☐ Rotação direita/esquerda
Linha trapézio	☐ Neutra	☐ Elevada à direita	☐ Elevada à esquerda
Ombros	☐ Normal	☐ Direito elevado	☐ Esquerdo elevado
Clavícula	☐ Normal	☐ Elevada à direita	☐ Elevada à esquerda
Crista ilíaca	☐ Normal	☐ Elevada à direita	☐ Elevada à esquerda
Joelhos	☐ Normal	☐ Rotação interna	☐ Rotação externa

Teste de Adams

Alinhamento em pé

O avaliado fica descalço sobre uma superfície lisa e não inclinada, em pé, ereto, porém com sua musculatura relaxada e com o examinador posicionado posteriormente.

Desenvolvimento

Na posição de ortostase, olhando para frente, o avaliado realiza a flexão anterior da coluna vertebral, deixando os membros superiores caírem relaxados, com as palmas das mãos postas uma sobre a outra (Figura 8.8). O examinador posiciona-se posteriormente ao avaliado, observando se existem assimetrias ao longo da coluna vertebral.

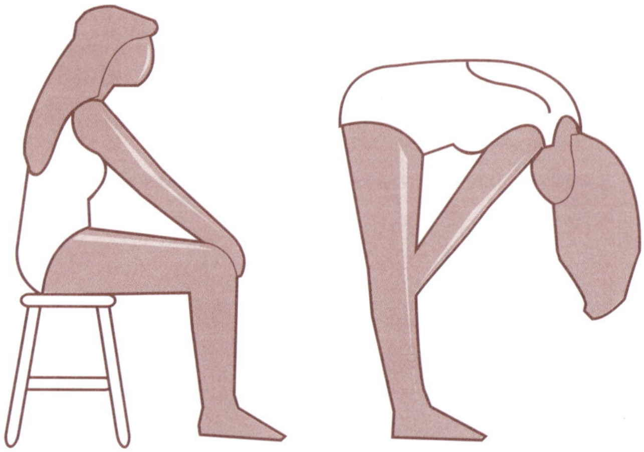

FIGURA 8.8 – Posição de ortostase.

A rotação da coluna ou do tórax, conforme observado em casos com escoliose é observada nesse momento. Considera-se resposta positiva para o teste quando qualquer assimetria anormal é observada nas regiões paravertebrais das localizações torácica, toracolombar ou lombar do dorso (Figura 8.9). Essas assimetrias geralmente são caracterizadas pela presença de gibosidade (enchimento ou proeminência no lado da convexidade em uma curvatura estrutural da coluna). Entretanto, em uma curvatura funcional, pode não haver nenhuma evidência de rotação a inclinação para frente. Isso é especialmente verdadeiro se a curvatura funcional for associada a um desequilíbrio dos abdutores do quadril, resultando em inclinação pélvica lateral, ou dos músculos abdominais anteriores, em virtude dos efeitos desses desequilíbrios na coluna serem minimizados na inclinação para a frente.

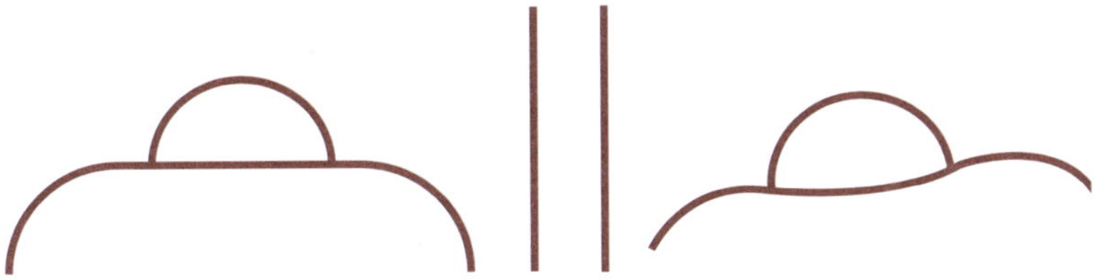

FIGURA 8.9 – Regiões paravertebrais das localizações torácica, toracolombar ou lombar do dorso.

REFERÊNCIAS

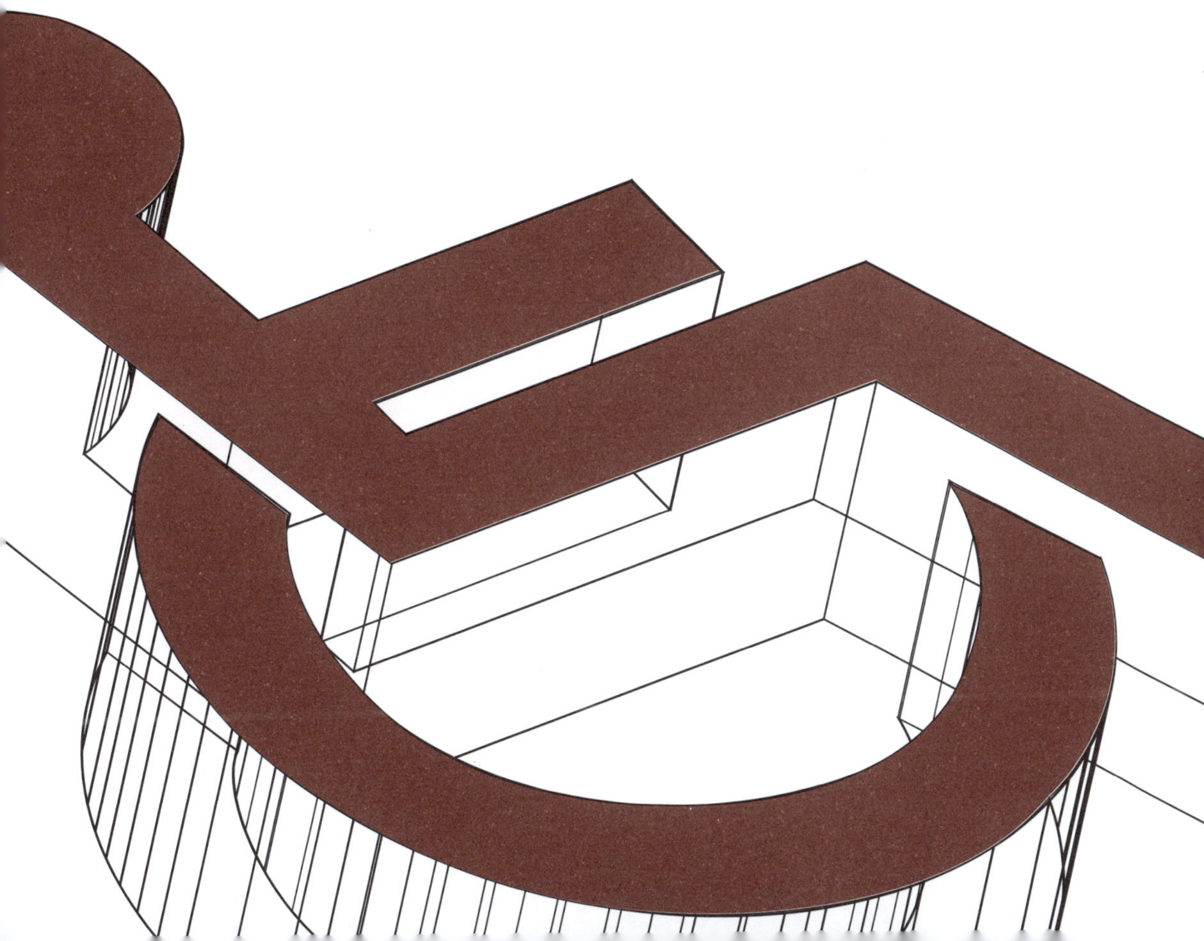

AAHPER – American Alliance for Health, Physical Education and Recreation. **Youth Fitness Test Manual**. Washington, 1976.

ABRC – Associação Brasileira de Rúgbi em Cadeira de Rodas. Disponível em: <http://www.rugbiabrc.org.br/filiados.html>. Acesso em: 03 mar. 2009.

Almeida, J. J. G.; Oliveira Filho, C. W. A iniciativa e o acompanhamento do atleta deficiente visual. In: Sociedade Brasileira de Atividade Física Adaptada. **Temas em Educação Física Adaptada**. Curitiba: Sobama, 2001. p. 81-5.

ACSM – American College of Sport Medicine. **Guidelines for Graded Exercise Testing and Exercise Prescription**. Philadelphia: Lea & Febiger, 1980, 2000.

Araújo, P. F. **Desporto Adaptado no Brasil**: origem, institucionalização e atualidade. Brasília: Ministério da Educação e do Desporto/INDESP, 1998.

______. Desporto para pessoas em condições de deficiências: Desenvolvimento e perspectivas – Uma visão Acadêmica. In: Simpósio Paranaense de Educação Física e Esporte Adaptado, 1. 2006, Toledo. **Anais...** Toledo: Já, 2006, p. 18-25.

Beck, A. T. et al. An Inventory for Measuring Depression. **Archives of General Psychiatry**, v. 4, p. 53-63, 1961.

Belasco Jr., D.; Silva, A. C. **Consistência dos resultados do teste de corrida em zigue-zague de Barrow (modificado) em jogadores de basquetebol em cadeiras de rodas**. In: International Congress of Motor Rehabilitation, 2. ed., Águas de Lindóia, 1996

Block, M. E.; Lieberman, L. J.; Connor-Kuntz, F. Authentic Assessment in Adapted Physical Education. **Joperd**, v. 69, n. 3, 1998.

Cerebral Palsy — International Sport Recreation Association. **Classification and Sport rules manual (1997 - 2000)**. 7. ed. 2000.

Corbin, C. B.; Lindsey, R. **Concepts in Physical Education**. 9. ed. Dubuque: WCB Brown & Benchamark, 1994.

DEPAUW, P. K.; GRAVON, S. J. **Disability and Sport Injuries**. Champaign: Human Kinetics, 1995.

DUARTE, C. R. Medidas de velocidade. In: MATSUDO, V. K. R. **Testes em Ciência do Esporte**. São Caetano do Sul: Centro de Estudos do Laboratório de Aptidão Física de São Caetano do Sul, 1987.

EUROFIT. **Eurofit Tests of Physical Fitness**. 2. ed. Strasbourg: Council of Europe Publishing, 1993.

FLECK, M. P. A. et al. **A avaliação de qualidade de vida**: guia para profissionais de saúde. Porto Alegre: Artmed, 2008.

GOBBI, S.; VILLAR, R.; ZAGO, A. S. **Bases teórico-práticas do condicionamento físico**. Rio de Janeiro: Guabanabara Koogan, 2005. (Educação Física no ensino superior).

GORGATTI, M. G.; COSTA, R. F. (Org.). **Atividade física adaptada**: qualidade de vida para pessoas com necessidades especiais. Barueri: Manole, 2005.

GORLA, J. I. **Educação Física Especial**: testes. Rolândia: Rolândia, 1997. 128 p.

______. (Org). **Educação Física Adaptada**: o passo a passo da avaliação. São Paulo: Phorte, 2008. 132 p.

GORLA, J. I.; ARAÚJO, P. F. **Avaliação em Educação Física Adaptada**: teste KTK para deficientes mentais. São Paulo: Phorte, 2007.

GUEDES, D. P.; GUEDES, J. E. R. P. **Manual prático para avaliação em Educação Física**. Barueri: Manole, 2006.

HEALY, M. J. R. et al. The individual and the group. In: WEINER, J. S.; LONNIE, J. A. (Ed.). **Practical Human Biology**. New York: Academic Press, 1981.

HERNÁNDEZ, M. R. et al. **Actividad Física Adaptada**: el juego y los alumnos con discapacidad. 2. ed. Barcelona: Paidotribo, 1999.

HUGONIER-CLAYETTE, S. **As deficiências visuais na criança**: deficiência e readaptação. Barueri: Manole, 1989.

IBGE. **Censo Demográfico 2000**. Disponível em: <http://www.ibge.gov.br/home/estatisitica/populacao/censo2000/default.shtm>. Acesso: em 15 jul. 2008.

INTERNATIONAL BLIND SPORT ASSOCIATION (IBSA). **Regulations for atletics**: handbook. Madrid: ONCE, 1993.

JOHNSON, B. L.; NELSON, J. K. **Practical Measurements for Evaluation in Physical Education**. Minnesota: Burgess, 1979.

KENDALL, F. P.; MCCREARY, E. K.; PROVANCE, P. G. **Músculos**: provas e funções. 3. ed. Barueri: Manole, 1990.

KENDALL, P. C. et al. Issues and Recommendations Regarding Use of the Beck Depression Inventory. **Cognitive Therapy and Research**, v. 11, p. 89-299, 1987.

KISS, M. A. P. D. **Avaliação em Educação Física**: aspectos biológicos e educacionais. São Paulo: Manole, 1987.

KLISSOURAS, V. Prediction of Potencial Performance with Special Reference to Hereditary. **Journal of Sports Medicine**, v. 13, p. 100-7, 1973.

LIEBERMAN, L. J.; HOUSTON-WILSON, C. **Strategies for Inclusion**: A Handbook for Physical Educators. Champaign: Human Kinetics, 2002. 255 p.

MAGEE, D. J. **Avaliação musculoesquelética**. 3. ed. Barueri: Manole, 2002.

MARINS, J. C. B.; GIANNICHI, R. S. **Avaliação e prescrição de atividade física**: guia prático. Rio de Janeiro: Shape, 1996.

MATHEWS, D. K. **Medida e avaliação em Educação Física**. 5. ed. Rio de Janeiro: Interamericana, 1980.

MATHIOWTZ, V. et al. Grip and pinch strength: normative data for adults. **Archives of Physical Medicine and Rehabilitation**, v. 66, n. 2, p. 69-74, 1985.

MATSUDO, V. K. R. (Ed.). **Testes em Ciências do Esporte**. 4. ed. Centro de Estudos do Laboratório de Aptidão Física de São Caetano do Sul/CELAFISCS. São Paulo: Buritil, 1987.

MELLO, M. T. **Paraolimpíadas Sidney 2000**: avaliação e prescrição do treinamento dos atletas brasileiros. Rio de Janeiro: Atheneu, 2002.

MELO, H. F. R. **Deficiência visual**: lições práticas de orientação e mobilidade. Campinas: Editora da Unicamp, 1991.

MORATO, M. P.; FURTADO, O. L. P. C. Proposta de avaliação no *goalball*. In: I CONGRESSO DE CIÊNCIAS DO DESPORTO, 2005, Campinas. **Anais...** Campinas: FEF-Unicamp, 2005.

OLIVEIRA FILHO, C. W. de Atividade físico-esportiva para pessoas cegas e com baixa visão. In: DUARTE, E.; LIMA, S. M. T. (Org.). **Atividade física para pessoas com necessidades especiais**: experiências e intervenções pedagógicas. Rio de Janeiro: Guanabara Koogan, 2003. p. 23-32.

PELUSO, M. A. M. **Alterações de humor associadas à atividade física intensa**. 2003. Tese (Doutorado) – Faculdade de Medicina, USP, São Paulo, 2003.

PITTETI, K. H. Introduction: exercise capacities and adaptations of people with chronic disabilities: current research, future directions and widespread applicability. **Med. Sci. Sports Exerc.**, v. 25, n. 4, p. 421-2, 1993.

POLLOCK, M. L.; WILMORE, J. H.; FOX, S. M. **Exercícios na saúde e na doença**. Rio de Janeiro: MEDSI, 1986.

QUEIROGA, M. R. **Testes e medidas para avaliação da aptidão física relacionada à saúde em adultos**. Rio de Janeiro: Guanabara Koogan, 2005.

ROOZEN, M. **NSCA's Performance Training Journal**, v. 3, n. 5, p. 5-6, 2004.

SAFRIT, M. J. **Evaluation in physical education**. 2. ed. New Jersey: Pretence-Hall, 1981.

SALVIA, J.; YSSELDYKE, J. E. **Avaliação em educação especial e corretiva**. 4. ed. São Paulo: Manole, 1991.

SÃO PAULO, Secretaria da Educação. Coordenadoria de Estudos e Normas Pedagógicas. **O deficiente visual na classe comum**. São Paulo: SE/CENPP, 1993.

TAMAYO, A. EFA: Escala fatorial de autoconceito. **Arquivo Brasileiro de Psicologia**, Rio de Janeiro, v. 33, n. 4, p. 87-102, out./dez., 1981.

TRITSCHLER, K. A. **Medida e Avaliação em Educação Física e Desportos de Barrow e McGee**. 5. ed. Tradução Márcia Greguol. Barueri: Manole, 2003.

VILLA SÁNCHEZ, A.; ESCRIBANO, E. A. **Medição do autoconceito**. Tradução Cristina Murachco. São Paulo: EDUSP, 1999.

WEINER, J. S.; LOURIE, J. A. **Practical Human Biology**. Londres: Academic Press, 1981.

WINNICK, J. P. **Adapted Physical Education and Sport**. 2. ed. Champaign: Human Kinetics, 1995.

______. **Educação Física e Esportes Adaptados**. Barueri: Manole, 2004.

WINNICK, J. P.; SHORT, F. X. **Testes de aptidão física para jovens com necessidades especiais**. Barueri: Manole, 2001.

YILLA, A. B.; SHERRIL, C. Validating the Beck battery of quad rugby skills tests. **Adapted Physical Activity Quarterly**, Champaign, v. 15, n. 2, p. 155-67, 1998.

ANEXOS

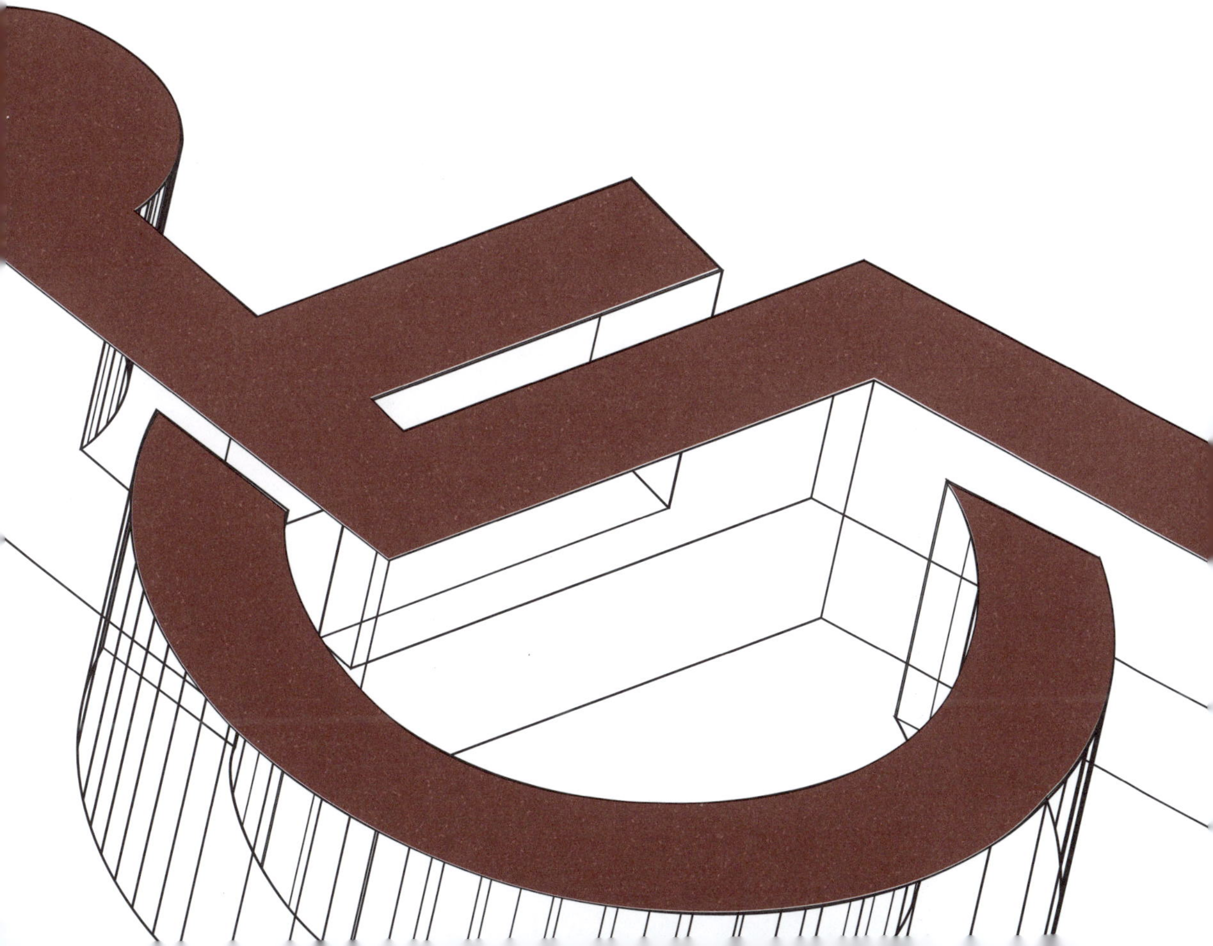

Anexo A – Ficha de coleta de dados

Data da avaliação: ___/___/______		
Nome:		
Idade:		
Tempo de treino:		
Nível da lesão:		
Teste de manejo de bola:	1ª:________________	2ª:________________
Teste de precisão de passes:	1ª:________________	2ª:________________
Teste de desempenho de bloqueio:	1ª:______________s.	2ª:______________s.
Teste de velocidade 20 metros:	1ª:______________s.	2ª:______________s.
Teste de passes de longa distância:	1ª:________________	2ª:________________

Observações:

____

____

____

____

____

____

____

____

____

____

____

____

____

____

Anexo B – Escala fatorial de autoconceito (EFA)

Instruções

Cada ser humano tem algo de original; assim, cada um tem uma percepção diferente de si mesmo.

Este é um teste destinado a verificar a percepção que você tem de *si mesmo*. Nele, você encontrará uma série de atributos bipolares, colocados nos extremos de uma escala de 7 pontos, que você deverá empregar para se *descrever*.

Exemplo: Violento 1 – 2 – 3 – 4 – 5 – 6 – 7 Pacífico

Valores numéricos da EFA

1	Aplica-se muito	
2	Aplica-se bastante	a violento
3	Aplica-se pouco	
4	Os dois extremos da escala se aplicam igualmente.	
5	Aplica-se pouco	
6	Aplica-se bastante	a pacífico
7	Aplica-se muito	

Faça um círculo em torno do número que expressa melhor a percepção que você tem de si mesmo.

Exemplo: Desordenado 1 – 2 – 3 – 4 – 5 – 6 – (7) Sistemático

Isso significa que você se considera muito sistemático.

1 Adjetivos relativos ao *self* pessoal que analisam sua segurança pessoal e a confiança em si mesmo

Inseguro	1	2	3	4	5	6	7	Seguro
Vacilante	1	2	3	4	5	6	7	Firme
Indeciso	1	2	3	4	5	6	7	Decidido
Complexado	1	2	3	4	5	6	7	Seguro
Frágil	1	2	3	4	5	6	7	Forte
Instável	1	2	3	4	5	6	7	Estável
Frustrado	1	2	3	4	5	6	7	Realizado
Dominado	1	2	3	4	5	6	7	Dominante
Covarde	1	2	3	4	5	6	7	Corajoso
Volúvel	1	2	3	4	5	6	7	Estável
Medroso	1	2	3	4	5	6	7	Aventureiro
Tenso	1	2	3	4	5	6	7	Descontraído
Inconstante	1	2	3	4	5	6	7	Constante
Preocupado	1	2	3	4	5	6	7	Tranquilo
Descontrolado	1	2	3	4	5	6	7	Controlado
Passivo	1	2	3	4	5	6	7	Ativo

2 Ainda analisando o *self* pessoal, avaliando seu autocontrole, ou seja, a maneira pela qual você disciplina suas atividade e relações

Anárquico	1	2	3	4	5	6	7	Organizado
Desligado	1	2	3	4	5	6	7	Ligado
Desorganizado	1	2	3	4	5	6	7	Organizado
Distraído	1	2	3	4	5	6	7	Atento
Desordenado	1	2	3	4	5	6	7	Sistemático
Desatento	1	2	3	4	5	6	7	Atento
Descuidado	1	2	3	4	5	6	7	Cuidadoso
Indisciplinado	1	2	3	4	5	6	7	Disciplinado
Irresponsável	1	2	3	4	5	6	7	Responsável
Preguiçoso	1	2	3	4	5	6	7	Trabalhador
Imprudente	1	2	3	4	5	6	7	Prudente
Esquecido	1	2	3	4	5	6	7	Lembrado
Desinteressado	1	2	3	4	5	6	7	Interessado
Instável	1	2	3	4	5	6	7	Estável
Vacilante	1	2	3	4	5	6	7	Firme
Inconstante	1	2	3	4	5	6	7	Constante
Desajeitado	1	2	3	4	5	6	7	Habilidoso

3 Adjetivos relacionados ao *self* social que avaliam suas atitudes com respeito aos outros e aos valores dos outros, isto é, sua autopercepção sobre a maneira que interage com os outros

Briguento	1	2	3	4	5	6	7	Pacífico
Agressivo	1	2	3	4	5	6	7	Gentil
Impaciente	1	2	3	4	5	6	7	Paciente
Bravo	1	2	3	4	5	6	7	Manso
Nervoso	1	2	3	4	5	6	7	Calmo
Brusco	1	2	3	4	5	6	7	Delicado
Rebelde	1	2	3	4	5	6	7	Dócil
Vingativo	1	2	3	4	5	6	7	Pacífico
Intolerante	1	2	3	4	5	6	7	Tolerante
Extremista	1	2	3	4	5	6	7	Moderado
Preocupado	1	2	3	4	5	6	7	Tranquilo
Descontrolado	1	2	3	4	5	6	7	Controlado

4 Ainda avaliando o *self* social, apresentam-se traços que facilitam ou dificultam o seu relacionamento social, expressando valores que determinam a receptividade social

Retraído	1	2	3	4	5	6	7	Expansivo
Introvertido	1	2	3	4	5	6	7	Extrovertido
Fechado	1	2	3	4	5	6	7	Aberto
Inibido	1	2	3	4	5	6	7	Desinibido
Impopular	1	2	3	4	5	6	7	Popular
Desentrosado	1	2	3	4	5	6	7	Entrosado
Tímido	1	2	3	4	5	6	7	Audaz
Solitário	1	2	3	4	5	6	7	Social
Enfadonho	1	2	3	4	5	6	7	Divertido
Insociável	1	2	3	4	5	6	7	Sociável
Triste	1	2	3	4	5	6	7	Alegre
Antipático	1	2	3	4	5	6	7	Simpático
Passivo	1	2	3	4	5	6	7	Ativo
Frio	1	2	3	4	5	6	7	Sensual
Tenso	1	2	3	4	5	6	7	Descontraído
Inseguro	1	2	3	4	5	6	7	Seguro
Complexado	1	2	3	4	5	6	7	Seguro
Lento	1	2	3	4	5	6	7	Ágil
Indeciso	1	2	3	4	5	6	7	Decidido
Deforme	1	2	3	4	5	6	7	*Sexy*
Indesejado	1	2	3	4	5	6	7	Desejado
Frustrado	1	2	3	4	5	6	7	Realizado

5 Os fatores a seguir determinam seu *self* ético-moral, características provenientes de regras determinadas socialmente

Desleal	1	2	3	4	5	6	7	Leal
Desonesto	1	2	3	4	5	6	7	Honesto
Traidor	1	2	3	4	5	6	7	Fiel
Mentiroso	1	2	3	4	5	6	7	Sincero
Infiel	1	2	3	4	5	6	7	Fiel
Falso	1	2	3	4	5	6	7	Franco
Imprudente	1	2	3	4	5	6	7	Prudente
Injusto	1	2	3	4	5	6	7	Justo
Inautêntico	1	2	3	4	5	6	7	Autêntico
Irresponsável	1	2	3	4	5	6	7	Responsável
Maldoso	1	2	3	4	5	6	7	Bondoso
Indisciplinado	1	2	3	4	5	6	7	Disciplinado
Insensível	1	2	3	4	5	6	7	Sentimental
Hostil	1	2	3	4	5	6	7	Amigo
Desrespeitador	1	2	3	4	5	6	7	Respeitador
Desinteressado	1	2	3	4	5	6	7	Interessado
Descortês	1	2	3	4	5	6	7	Cortês
Detestado	1	2	3	4	5	6	7	Amado

6 Adjetivos sobre sua autopercepção a respeito da aparência física

Desgracioso	1	2	3	4	5	6	7	Esbelto
Deselegante	1	2	3	4	5	6	7	Elegante
Deforme	1	2	3	4	5	6	7	*Sexy*
Desarrumado	1	2	3	4	5	6	7	Arrumado
Descuidado	1	2	3	4	5	6	7	Alinhado
Feio	1	2	3	4	5	6	7	Lindo
Escasso	1	2	3	4	5	6	7	Exuberante
Repelente	1	2	3	4	5	6	7	Atraente
Frio	1	2	3	4	5	6	7	Sensual
Detestado	1	2	3	4	5	6	7	Amado
Antipático	1	2	3	4	5	6	7	Simpático
Indesejado	1	2	3	4	5	6	7	Desejado
Desagradável	1	2	3	4	5	6	7	Agradável

Anexo C – Percepção do autoconceito infantil (PAI)

1 Aqui há duas crianças. A mãe está amarrando os sapatos de uma delas; a outra está amarrando os sapatos sozinha. Qual criança se parece mais com você?

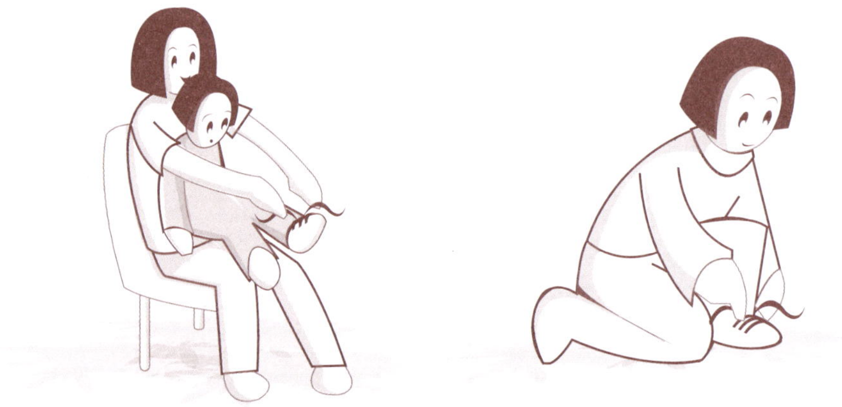

2 Aqui há uma criança jogando bola com outras e há, também, uma criança que prefere brincar sozinha, fazendo um castelo de areia. Qual criança se parece mais com você?

3 Há duas crianças. Uma gosta muito de animais, está fazendo carinho no cachorro, enquanto a outra tem medo de cachorro, prefere não brincar com ele. Qual criança se parece mais com você?

4 O pai e a mãe trouxeram um presente para uma das crianças, mas não trouxeram nenhum presente para a outra. Qual criança se parece mais com você?

5 Aqui há uma criança rindo muito com sua amiga, está se divertindo, e há outra criança que está mais séria, está passeando sozinha. Qual criança se parece mais com você?

6 Algumas crianças estão passeando. Umas são bonitas e outras são mais feias. Quais crianças se parecem mais com você?

7 Há crianças apostando uma corrida. Algumas vão chegar por último e outras vão chegar primeiro. Quais crianças se parecem mais com você?

8 Uma criança está brincando com sua mãe e outra criança está brincando sozinha. Qual criança se parece mais com você?

9 Uma criança fez bem o trabalho de classe e a professora colocou um ótimo; a outra fez mal e a professora mandou que refizesse a tarefa. Qual criança se parece mais com você?

10 Duas crianças estão brincando de não cair da barra. Uma delas perdeu o equilíbrio e vai cair; a outra vai chegar ao fim sem cair. Qual criança se parece mais com você?

11 Algumas crianças estão passeando. Umas estão muito bem vestidas, andam muito limpas; outras estão sujas. Quais crianças se parecem mais com você?

12 Uma criança está sendo convidada por seus amigos para brincar com eles; outra criança não está sendo chamada por seus amigos. Qual criança se parece mais com você?

13 Algumas crianças estão chorando, estão tristes; outras não choram, estão mais contentes. Quais crianças se parecem mais com você?

14 Essas crianças terminaram a tarefa. Uma fez uma casa muito bonita; a outra não a montou muito bem. Qual criança se parece mais com você?

15 Uma criança mostrou sua casa a seu amigo, tem muitas coisas bonitas; a outra está espantada, não tem coisas tão bonitas em sua casa. Qual criança se parece mais com você?

16 Uma criança está ajudando sua mãe a arrumar a cama; a outra criança não ajuda em casa, todo seu armário está desarrumado. Qual criança se parece com mais você?

17 Essas duas crianças estão fazendo um boneco. Uma delas fez muito bem, mas o boneco da outra criança ficou mal feito, ela está jogando-o no lixo. Qual criança se parece mais com você?

18 Aqui há uma criança que está chateada porque seu colega de classe pegou seu lápis sem pedir, ela não gosta de dividir suas coisas; a outra criança não se importa de dividir suas coisas. Qual criança se parece mais com você?

19 Há duas crianças. Uma tem muitos amigos; a outra, que está sentada, sozinha, não tem muitos amigos. Qual criança se parece mais com você?

20 Há algumas crianças. Elas gostam de brincar. Esta que esta olhando não gosta de brincar. Quais crianças se parecem mais com você?

21 Essas duas crianças fizeram um bolo de massinha para sua mãe. O de uma delas ficou muito bonito; o de outra ficou mais feio. Qual criança se parece mais com você?

22 Essas crianças estão na sala de aula. Umas são muito conversadoras e a professora manda que fiquem quietas; as outras estão fazendo a tarefa que a professora mandou. Quais crianças se parecem mais com você?

23 Essas crianças estão na cama. Uma delas não tem medo da noite, dorme tranquilamente; a outra está assustada, tem medo do escuro. Qual criança se parece mais com você?

24 Aqui há duas crianças se vestindo. Uma delas recebe a ajuda da mãe para colocar a camisa; a outra coloca sozinha. Qual criança se parece mais com você?

25 O pai está brigando com essa criança porque ela não quer comer; a outra não está levando bronca porque comeu tudo direito. Qual criança se parece mais com você?

26 Algumas crianças estão estudando na classe, mas há uma criança um pouco aborrecida. Quais crianças se parecem mais com você?

27 Aqui há uma criança que não gosta de dividir seu sorvete; a outra não se importa em dividir seu sorvete. Qual criança se parece mais com você?

28 Choveu e essas crianças estão andando na rua. Uma delas gosta de pular na lama, não se importa em se sujar; a outra prefere não passar pela lama, gosta de andar limpa. Qual criança se parece mais com você?

29 Essas crianças estão montando um quebra-cabeça. Uma delas não sabe onde colocar a peça que está segurando; a outra criança mostra-lhe onde deve colocá-la. Qual criança se parece mais com você?

30 Há algumas crianças que estão muito alegres; a outra criança, que está sentada no banco, está triste. Quais crianças se parecem mais com você?

31 Essas crianças estão apostando uma corrida de sacos. Uma delas tropeçou e caiu; as outras não caíram. Quais crianças se parecem mais com você?

32 Essas crianças estão arrumando a mala para viajar. Uma é muito organizada, coloca a roupa muito bem dobrada; a outra é mais desorganizada, coloca as coisas de qualquer jeito. Qual criança se parece mais com você?

33 Essas crianças estão sendo fotografadas. Umas são mais magras; outras mais gordinhas. Quais crianças se parecem mais com você?

34 Essas crianças estão na praia. Uma prefere não entrar na água porque sente medo; a outra gosta muito de entrar na água. Qual criança se parece mais com você?

Anexo D – Escala de avaliação do estado de humor

Instruções

Será apresentada uma série de palavras que descrevem sensações que as pessoas sentem no dia a dia. Leia primeiro cada palavra com cuidado. Depois, assinale com um X a quadrícula que melhor corresponde à forma como você tem se sentido ao longo dos últimos sete dias, incluindo o dia de hoje.

		NADA	UM POUCO	MODERADAMENTE	BASTANTE	MUITÍSSIMO	Não escreva nos espaços abaixo. Somente uso interno.					
		0	1	2	3	4	T	D	H	V	F	C
01	Tenso											
02	Irritado											
03	Imprestável											
04	Esgotado											
05	Animado											
06	Confuso											
07	Triste											
08	Ativo											
09	Mal-humorado											
10	Enérgico											
11	Sem valor											
12	Inquieto											
13	Fatigado											
14	Aborrecido											
15	Desencorajado											

Continua

Continuação

		NADA	UM POUCO	MODERADAMENTE	BASTANTE	MUITÍSSIMO	Não escreva nos espaços abaixo. Somente uso interno.
16	Nervoso						
17	Só						
18	Embaralhado						
19	Exausto						
20	Ansioso						
21	Deprimido						
22	Sem energia						
23	Miserável						
24	Desnorteado						
25	Furioso						
26	Eficaz						
27	Cheio de vida						
28	Com mau feitio						
29	Tranquilo						
30	Desanimado						
31	Impaciente						
32	Cheio de disposição						
33	Inútil						
34	Estourado						
35	Competente						
36	Culpado						
37	Enervado						
38	Infeliz						
39	Alegre						
40	Inseguro						
41	Cansado						
42	Apático						

Fonte: Adaptado de Viana, Almeida e Santos (2001).

Anexo E – Inventário de depressão de Beck

Instruções

Este questionário consiste em 21 grupos de afirmações. Depois de ler cuidadosamente cada grupo, faça um círculo em torno do número (0, 1, 2 ou 3) diante da afirmação, em cada grupo, que descreve melhor a maneira como você tem se sentido nesta semana, incluindo hoje. Se várias afirmações em um grupo parecerem se aplicar igualmente bem, faça um círculo em cada uma. Tome o cuidado de ler todas as afirmações, em cada grupo, antes de fazer a sua escolha.

---

0 Não me sinto triste.
1 Eu me sinto triste.
2 Estou sempre triste e não consigo sair disso.
3 Estou tão triste ou infeliz que não consigo suportar.

---

0 Não estou especialmente desanimado quanto ao futuro.
1 Eu me sinto desanimado quanto ao futuro.
2 Acho que nada tenho a esperar.
3 Acho o futuro sem esperança e tenho a impressão de que as coisas não podem melhorar.

---

0 Não me sinto um fracasso.
1 Acho que fracassei mais do que uma pessoa comum.
2 Quando olho para trás, na minha vida, tudo o que posso ver é um monte de fracassos.
3 Acho que, como pessoa, sou um completo fracasso.

---

0 Tenho tanto prazer em tudo como antes.
1 Não sinto mais prazer nas coisas como antes.
2 Não encontro um prazer real em mais nada.
3 Estou insatisfeito ou aborrecido com tudo.

---

0 Não me sinto especialmente culpado.
1 Eu me sinto culpado às vezes.
2 Eu me sinto culpado na maior parte do tempo.
3 Eu me sinto sempre culpado.

---

0 Não acho que esteja sendo punido.
1 Acho que posso ser punido.
2 Creio que vou ser punido.
3 Acho que estou sendo punido.

---

0 Não me sinto decepcionado comigo mesmo.
1 Estou decepcionado comigo mesmo.
2 Estou enojado de mim.
3 Eu me odeio.

0 Não me sinto, de qualquer modo, pior que os outros.
1 Sou crítico em relação a mim devido a minhas fraquezas ou meus erros.
2 Eu me culpo sempre por minhas falhas.
3 Eu me culpo por tudo de mal que acontece.

0 Não tenho quaisquer ideias de me matar.
1 Tenho ideias de me matar, mas não as executaria.
2 Gostaria de me matar.
3 Eu me mataria se tivesse oportunidade.

0 Não choro mais que o habitual.
1 Choro mais agora do que costumava.
2 Agora, choro o tempo todo.
3 Costumava ser capaz de chorar, mas agora não consigo mesmo que o queira.

0 Não sou mais irritado agora, mas já fui.
1 Fico molestado ou irritado mais facilmente do que costumava.
2 Atualmente me sinto irritado o tempo todo.
3 Absolutamente não me irrito com as coisas que costumavam irritar-me.

0 Não perdi o interesse nas outras pessoas.
1 Interesso-me menos do que costumava pelas outras pessoas.
2 Perdi a maior parte do meu interesse nas outras pessoas.
3 Perdi todo o meu interesse nas outras pessoas.

0 Tomo decisões mais ou menos tão bem como em outra época.
1 Adio minhas decisões mais do que costumava.
2 Tenho maior dificuldade em tomar decisões do que antes.
3 Não consigo mais tomar decisões.

0 Não sinto que minha aparência seja pior do que costumava ser.
1 Preocupo-me por estar parecendo velho ou sem atrativos.
2 Sinto que há mudanças permanentes em minha aparência que me fazem parecer sem atrativos.
3 Considero-me feio.

0 Posso trabalhar mais ou menos tão bem quanto antes.
1 Preciso de um esforço extra para começar qualquer coisa.
2 Tenho de me esforçar muito até fazer qualquer coisa.
3 Não consigo fazer nenhum trabalho.

0 Durmo tão bem quanto de hábito.
1 Não durmo tão bem quanto costumava.
2 Acordo uma ou duas horas mais cedo do que de hábito e tenho dificuldade para voltar a dormir.
3 Acordo várias horas mais cedo do que costumava e tenho dificuldade para voltar a dormir.

---

0 Não fico mais cansado que de hábito.
1 Fico cansado com mais facilidade do que costumava.
2 Sinto-me cansado ao fazer quase qualquer coisa.
3 Estou cansado demais para fazer qualquer coisa.

---

0 Meu apetite não está pior do que de hábito.
1 Meu apetite não é tão bom quanto costumava ser.
2 Meu apetite está muito pior agora.
3 Não tenho mais nenhum apetite.

---

0 Não perdi muito peso, se é que perdi algum ultimamente.
1 Perdi mais de 2,5 kg.
2 Perdi mais de 5,0 kg.
3 Perdi mais de 7,5 kg.
Estou deliberadamente tentando perder peso, comendo menos: SIM ( ) NÃO ( )

---

0 Não me preocupo mais que o de hábito com minha saúde.
1 Preocupo-me com problemas físicos como dores e aflições, perturbações no estômago ou prisão de ventre.
2 Estou muito preocupado com problemas físicos e é difícil pensar em outra coisa que não isso.
3 Estou tão preocupado com meus problemas físicos que não consigo pensar em outra coisa.

---

0 Não tenho observado qualquer mudança recente em meu interesse sexual.
1 Estou menos interessado por sexo que costumava.
2 Estou bem menos interessado em sexo atualmente.
3 Perdi completamente o interesse por sexo.

Anexo F – Questionário WHOQOL-100

O questionário WHOQL-100 é sobre como você se sente a respeito de sua qualidade de vida, saúde e outras áreas de sua vida. Por favor, responda todas as questões. Se você não tem certeza sobre que resposta dar em uma questão, por favor, escolha entre as alternativas a que lhe parece mais apropriada. Esta, muitas vezes, poderá ser a sua primeira escolha.

Por favor, tenha em mente seus valores, aspirações, prazeres e preocupações. Nós estamos perguntando o que você acha de sua vida, tomando como referência as duas últimas semanas.

Por exemplo, pensando nas últimas duas semanas, uma questão poderia ser:

Quanto você se preocupa com sua saúde?

Nada	Muito pouco	Mais ou menos	Bastante	Extremamente
1	2	3	4	5

Você deve circular o número que melhor corresponde ao quanto você se preocupou com sua saúde nas últimas duas semanas. Portanto, você deve fazer um círculo no número 4 se você se preocupou *bastante* com sua saúde, ou fazer um círculo no número 1 se você não se preocupou *nada* com sua saúde. Por favor, leia cada questão, veja o que você acha, e faça um círculo no número que lhe parece a melhor resposta.

Muito obrigado por sua ajuda.

As questões seguintes são sobre *o quanto* você tem sentido algumas coisas nas últimas duas semanas. Por exemplo, sentimentos positivos tais como *felicidade* ou *satisfação*. Se você sentiu estas coisas *extremamente*, coloque um círculo no número abaixo de *extremamente*. Se você não sentiu nenhuma destas coisas, coloque um círculo no número abaixo de *nada*. Se você desejar indicar que sua resposta se encontra entre *nada* e *extremamente*, você deve colocar um círculo em um dos números entre estes dois extremos. As questões se referem às duas últimas semanas.

F1.2 Você se preocupa com sua dor ou desconforto (físicos)?

Nada	Muito pouco	Mais ou menos	Bastante	Extremamente
1	2	3	4	5

F1.3 Quão difícil é para você lidar com alguma dor ou desconforto?

Nada	Muito pouco	Mais ou menos	Bastante	Extremamente
1	2	3	4	5

F2.2 Quão facilmente você fica cansado(a)?

Nada	Muito pouco	Mais ou menos	Bastante	Extremamente
1	2	3	4	5

F2.4 O quanto você se sente incomodado(a) pelo cansaço?

Nada	Muito pouco	Mais ou menos	Bastante	Extremamente
1	2	3	4	5

F3.2 Você tem alguma dificuldade para dormir (com o sono)?

Nada	Muito pouco	Mais ou menos	Bastante	Extremamente
1	2	3	4	5

F3.4 O quanto algum problema com o sono lhe preocupa?

Nada	Muito pouco	Mais ou menos	Bastante	Extremamente
1	2	3	4	5

F4.1 O quanto você aproveita a vida?

Nada	Muito pouco	Mais ou menos	Bastante	Extremamente
1	2	3	4	5

F4.3 Quão otimista você se sente em relação ao futuro?

Nada	Muito pouco	Mais ou menos	Bastante	Extremamente
1	2	3	4	5

F4.4 O quanto você experimenta sentimentos positivos em sua vida?

Nada	Muito pouco	Mais ou menos	Bastante	Extremamente
1	2	3	4	5

F5.3 O quanto você consegue se concentrar?

Nada	Muito pouco	Mais ou menos	Bastante	Extremamente
1	2	3	4	5

F6.1 O quanto você se valoriza?

Nada	Muito pouco	Mais ou menos	Bastante	Extremamente
1	2	3	4	5

F6.2 Quanta confiança você tem em si mesmo?

Nada	Muito pouco	Mais ou menos	Bastante	Extremamente
1	2	3	4	5

F7.2 Você se sente inibido(a) por sua aparência?

Nada	Muito pouco	Mais ou menos	Bastante	Extremamente
1	2	3	4	5

F7.3 Há alguma coisa em sua aparência que faz você não se sentir bem?

Nada	Muito pouco	Mais ou menos	Bastante	Extremamente
1	2	3	4	5

F8.2 Quão preocupado(a) você se sente?

Nada	Muito pouco	Mais ou menos	Bastante	Extremamente
1	2	3	4	5

F8.3 Quanto algum sentimento de tristeza ou depressão interfere no seu dia a dia?

Nada	Muito pouco	Mais ou menos	Bastante	Extremamente
1	2	3	4	5

F8.4 O quanto algum sentimento de depressão lhe incomoda?

Nada	Muito pouco	Mais ou menos	Bastante	Extremamente
1	2	3	4	5

F10.2 Em que medida você tem dificuldade em exercer suas atividades do dia a dia?

Nada	Muito pouco	Mais ou menos	Bastante	Extremamente
1	2	3	4	5

F10.4 Quanto você se sente incomodado por alguma dificuldade em exercer as atividades do dia a dia?

Nada	Muito pouco	Mais ou menos	Bastante	Extremamente
1	2	3	4	5

F11.2 Quanto você precisa de medicação para levar a sua vida do dia a dia?

Nada	Muito pouco	Mais ou menos	Bastante	Extremamente
1	2	3	4	5

F11.3 Quanto você precisa de algum tratamento médico para levar sua vida diária?

Nada	Muito pouco	Mais ou menos	Bastante	Extremamente
1	2	3	4	5

F11.4 Em que medida a sua qualidade de vida depende do uso de medicamentos ou de ajuda médica?

Nada	Muito pouco	Mais ou menos	Bastante	Extremamente
1	2	3	4	5

F13.1 Quão sozinho você se sente em sua vida?

Nada	Muito pouco	Mais ou menos	Bastante	Extremamente
1	2	3	4	5

F15.2 Quão satisfeitas estão as suas necessidades sexuais?

Nada	Muito pouco	Mais ou menos	Bastante	Extremamente
1	2	3	4	5

F15.4 Você se sente incomodado(a) por alguma dificuldade na sua vida sexual?

Nada	Muito pouco	Mais ou menos	Bastante	Extremamente
1	2	3	4	5

F16.1 Quão seguro(a) você se sente em sua vida diária?

Nada	Muito pouco	Mais ou menos	Bastante	Extremamente
1	2	3	4	5

F16.2 Você acha que vive em um ambiente seguro?

Nada	Muito pouco	Mais ou menos	Bastante	Extremamente
1	2	3	4	5

F16.3 O quanto você se preocupa com sua segurança?

Nada	Muito pouco	Mais ou menos	Bastante	Extremamente
1	2	3	4	5

F17.1 Quão confortável é o lugar onde você mora?

Nada	Muito pouco	Mais ou menos	Bastante	Extremamente
1	2	3	4	5

F17.4 O quanto você gosta de onde você mora?

Nada	Muito pouco	Mais ou menos	Bastante	Extremamente
1	2	3	4	5

F18.2 Você tem dificuldades financeiras?

Nada	Muito pouco	Mais ou menos	Bastante	Extremamente
1	2	3	4	5

F18.4 O quanto você se preocupa com dinheiro?

Nada	Muito pouco	Mais ou menos	Bastante	Extremamente
1	2	3	4	5

F19.1 Quão facilmente você tem acesso a bons cuidados médicos?

Nada	Muito pouco	Mais ou menos	Bastante	Extremamente
1	2	3	4	5

F21.3 O quanto você aproveita o seu tempo livre?

Nada	Muito pouco	Mais ou menos	Bastante	Extremamente
1	2	3	4	5

F22.1 Quão saudável é o seu ambiente físico (clima, barulho, poluição, atrativos)?

Nada	Muito pouco	Mais ou menos	Bastante	Extremamente
1	2	3	4	5

F22.2 Quão preocupado(a) você está com o barulho na área que você vive?

Nada	Muito pouco	Mais ou menos	Bastante	Extremamente
1	2	3	4	5

F23.2 Em que medida você tem problemas com transporte?

Nada	Muito pouco	Mais ou menos	Bastante	Extremamente
1	2	3	4	5

F23.4 O quanto as dificuldades de transporte dificultam sua vida?

Nada	Muito pouco	Mais ou menos	Bastante	Extremamente
1	2	3	4	5

As questões seguintes perguntam sobre *quão completamente* você tem se sentido em determinados momentos ou é capaz de fazer certas coisas nestas últimas duas semanas. Por exemplo, atividades diárias tais como lavar-se, vestir-se e comer. Se você foi capaz de fazer estas atividades *completamente*, coloque um círculo no número abaixo de *completamente*. Se você não foi capaz de fazer nenhuma destas coisas, coloque um círculo no número abaixo de *nada*. Se você desejar indicar que sua resposta se encontra entre *nada* e *completamente*, você deve colocar um círculo em um dos números entre estes dois extremos. As questões se referem às duas últimas semanas.

F2.1 Você tem energia suficiente para o seu dia a dia?

Nada	Muito pouco	Médio	Muito	Completamente
1	2	3	4	5

F7.1 Você é capaz de aceitar a sua aparência física?

Nada	Muito pouco	Médio	Muito	Completamente
1	2	3	4	5

F10.1 Em que medida você é capaz de desempenhar suas atividades diárias?

Nada	Muito pouco	Médio	Muito	Completamente
1	2	3	4	5

F11.1 Quão dependente você é de medicação?

Nada	Muito pouco	Médio	Muito	Completamente
1	2	3	4	5

F14.1 Você consegue dos outros o apoio que necessita?

Nada	Muito pouco	Médio	Muito	Completamente
1	2	3	4	5

F14.2 Em que medida você pode contar com amigos quando precisa deles?

Nada	Muito pouco	Médio	Muito	Completamente
1	2	3	4	5

F17.2 Em que medida as características de seu lar correspondem às suas necessidades?

Nada	Muito pouco	Médio	Muito	Completamente
1	2	3	4	5

F18.1 Você tem dinheiro suficiente para satisfazer suas necessidades?

Nada	Muito pouco	Médio	Muito	Completamente
1	2	3	4	5

F20.1 Quão disponível para você estão as informações que precisa no seu dia a dia?

Nada	Muito pouco	Médio	Muito	Completamente
1	2	3	4	5

F20.2 Em que medida você tem oportunidades de adquirir informações que considera necessárias?

Nada	Muito pouco	Médio	Muito	Completamente
1	2	3	4	5

F21.1 Em que medida você tem oportunidades de atividades de lazer?

Nada	Muito pouco	Médio	Muito	Completamente
1	2	3	4	5

F21.2 Quanto você é capaz de relaxar e curtir você mesmo?

Nada	Muito pouco	Médio	Muito	Completamente
1	2	3	4	5

F23.1 Em que medida você tem meios de transporte adequados?

Nada	Muito pouco	Médio	Muito	Completamente
1	2	3	4	5

As questões seguintes perguntam sobre o quão *satisfeito(a), feliz ou bem* você se sentiu a respeito de vários aspectos de sua vida nas últimas duas semanas. Por exemplo, na sua vida familiar ou a respeito da energia (disposição) que você tem. Indique quão satisfeito(a) ou não satisfeito você está em relação a cada aspecto de sua vida e coloque um círculo no número que melhor representa como você se sente sobre isto. As questões se referem às duas últimas semanas.

G2 Quão satisfeito(a) você está com a qualidade de sua vida?

Muito insatisfeito	Insatisfeito	Nem satisfeito, nem insatisfeito	Satisfeito	Muito satisfeito
1	2	3	4	5

G3 Em geral, quão satisfeito(a) você está com a sua vida?

Muito insatisfeito	Insatisfeito	Nem satisfeito, nem insatisfeito	Satisfeito	Muito satisfeito
1	2	3	4	5

G4 Quão satisfeito(a) você está com a sua saúde?

Muito insatisfeito	Insatisfeito	Nem satisfeito, nem insatisfeito	Satisfeito	Muito satisfeito
1	2	3	4	5

F2.3 Quão satisfeito(a) você está com a energia (disposição) que você tem?

Muito insatisfeito	Insatisfeito	Nem satisfeito, nem insatisfeito	Satisfeito	Muito satisfeito
1	2	3	4	5

F3.3 Quão satisfeito(a) você está com o seu sono?

Muito insatisfeito	Insatisfeito	Nem satisfeito, nem insatisfeito	Satisfeito	Muito satisfeito
1	2	3	4	5

F5.2 Quão satisfeito(a) você está com a sua capacidade de aprender novas informações?

Muito insatisfeito	Insatisfeito	Nem satisfeito, nem insatisfeito	Satisfeito	Muito satisfeito
1	2	3	4	5

F5.4 Quão satisfeito(a) você está com sua capacidade de tomar decisões?

Muito insatisfeito	Insatisfeito	Nem satisfeito, nem insatisfeito	Satisfeito	Muito satisfeito
1	2	3	4	5

F6.3 Quão satisfeito(a) você está consigo mesmo?

Muito insatisfeito	Insatisfeito	Nem satisfeito, nem insatisfeito	Satisfeito	Muito satisfeito
1	2	3	4	5

F6.4 Quão satisfeito(a) você está com suas capacidades?

Muito insatisfeito	Insatisfeito	Nem satisfeito, nem insatisfeito	Satisfeito	Muito satisfeito
1	2	3	4	5

F7.4 Quão satisfeito(a) você está com a aparência de seu corpo?

Muito insatisfeito	Insatisfeito	Nem satisfeito, nem insatisfeito	Satisfeito	Muito satisfeito
1	2	3	4	5

F10.3 Quão satisfeito(a) você está com sua capacidade de desempenhar as atividades do seu dia a dia?

Muito insatisfeito	Insatisfeito	Nem satisfeito, nem insatisfeito	Satisfeito	Muito satisfeito
1	2	3	4	5

F13.3 Quão satisfeito(a) você está com suas relações pessoais (amigos, parentes, conhecidos, colegas)?

Muito insatisfeito	Insatisfeito	Nem satisfeito, nem insatisfeito	Satisfeito	Muito satisfeito
1	2	3	4	5

F15.3 Quão satisfeito(a) você está com sua vida sexual?

Muito insatisfeito	Insatisfeito	Nem satisfeito, nem insatisfeito	Satisfeito	Muito satisfeito
1	2	3	4	5

F14.3 Quão satisfeito(a) você está com o apoio que você recebe de sua família?

Muito insatisfeito	Insatisfeito	Nem satisfeito, nem insatisfeito	Satisfeito	Muito satisfeito
1	2	3	4	5

F14.4 Quão satisfeito(a) você está com o apoio que você recebe de seus amigos?

Muito insatisfeito	Insatisfeito	Nem satisfeito, nem insatisfeito	Satisfeito	Muito satisfeito
1	2	3	4	5

F13.4 Quão satisfeito(a) você está com sua capacidade de dar apoio aos outros?

Muito insatisfeito	Insatisfeito	Nem satisfeito, nem insatisfeito	Satisfeito	Muito satisfeito
1	2	3	4	5

F16.4 Quão satisfeito(a) você está com a sua segurança física (assaltos, incêndios etc.)?

Muito insatisfeito	Insatisfeito	Nem satisfeito, nem insatisfeito	Satisfeito	Muito satisfeito
1	2	3	4	5

F17.3 Quão satisfeito(a) você está com as condições do local onde mora?

Muito insatisfeito	Insatisfeito	Nem satisfeito, nem insatisfeito	Satisfeito	Muito satisfeito
1	2	3	4	5

F18.3 Quão satisfeito(a) você está com sua situação financeira?

Muito insatisfeito	Insatisfeito	Nem satisfeito, nem insatisfeito	Satisfeito	Muito satisfeito
1	2	3	4	5

F19.3 Quão satisfeito(a) você está com o seu acesso aos serviços de saúde?

Muito insatisfeito	Insatisfeito	Nem satisfeito, nem insatisfeito	Satisfeito	Muito satisfeito
1	2	3	4	5

F19.4 Quão satisfeito(a) você está com os serviços de assistência social?

Muito insatisfeito	Insatisfeito	Nem satisfeito, nem insatisfeito	Satisfeito	Muito satisfeito
1	2	3	4	5

F20.3 Quão satisfeito(a) você está com as suas oportunidades de adquirir novas habilidades?

Muito insatisfeito	Insatisfeito	Nem satisfeito, nem insatisfeito	Satisfeito	Muito satisfeito
1	2	3	4	5

F20.4 Quão satisfeito(a) você está com as suas oportunidades de obter novas informações?

Muito insatisfeito	Insatisfeito	Nem satisfeito, nem insatisfeito	Satisfeito	Muito satisfeito
1	2	3	4	5

F21.4 Quão satisfeito(a) você está com a maneira de usar o seu tempo livre?

Muito insatisfeito	Insatisfeito	Nem satisfeito, nem insatisfeito	Satisfeito	Muito satisfeito
1	2	3	4	5

F22.3 Quão satisfeito(a) você está com o seu ambiente físico (poluição, clima, barulho, atrativos)?

Muito insatisfeito	Insatisfeito	Nem satisfeito, nem insatisfeito	Satisfeito	Muito satisfeito
1	2	3	4	5

F22.4 Quão satisfeito(a) você está com o clima do lugar em que vive?

Muito insatisfeito	Insatisfeito	Nem satisfeito, nem insatisfeito	Satisfeito	Muito satisfeito
1	2	3	4	5

F23.3 Quão satisfeito(a) você está com o seu meio de transporte?

Muito insatisfeito	Insatisfeito	Nem satisfeito, nem insatisfeito	Satisfeito	Muito satisfeito
1	2	3	4	5

F13.2 Você se sente feliz com sua relação com as pessoas de sua família?

Muito infeliz	Infeliz	Nem feliz, nem infeliz	Feliz	Muito feliz
1	2	3	4	5

G1 Como você avaliaria sua qualidade de vida?

Muito ruim	Ruim	Nem ruim, nem boa	Boa	Muito boa
1	2	3	4	5

F15.1 Como você avaliaria sua vida sexual?

Muito ruim	Ruim	Nem ruim, nem boa	Boa	Muito boa
1	2	3	4	5

F3.1 Como você avaliaria o seu sono?

Muito ruim	Ruim	Nem ruim, nem bom	Bom	Muito bom
1	2	3	4	5

F5.1 Como você avaliaria sua memória?

Muito ruim	Ruim	Nem ruim, nem boa	Boa	Muito boa
1	2	3	4	5

F19.2 Como você avaliaria a qualidade dos serviços de assistência social disponíveis para você?

Muito ruim	Ruim	Nem ruim, nem boa	Boa	Muito boa
1	2	3	4	5

As questões seguintes referem-se a *com que frequência* você sentiu ou experimentou certas coisas, por exemplo, o apoio de sua família ou amigos ou se você teve experiências negativas, tais como um sentimento de insegurança. Se, nas duas últimas semanas, você não teve estas experiências de nenhuma forma, circule o número abaixo da resposta *nunca*. Se você sentiu estas coisas, determine com que frequência você os experimentou e faça um círculo no número apropriado. Então, por exemplo, se você sentiu dor o tempo todo nas últimas duas semanas, circule o número abaixo de *sempre*. As questões referem-se às duas últimas semanas.

F1.1 Com que frequência você sente dor (física)?

Nunca	Raramente	Às vezes	Repetidamente	Sempre
1	2	3	4	5

F4.2 Em geral, você se sente contente?

Nunca	Raramente	Às vezes	Repetidamente	Sempre
1	2	3	4	5

F8.1 Com que frequência você tem sentimentos negativos, tais como mau humor, desespero, ansiedade, depressão?

Nunca	Raramente	Às vezes	Repetidamente	Sempre
1	2	3	4	5

As questões seguintes se referem a qualquer "*trabalho*" que você faça. *Trabalho* aqui significa qualquer atividade principal que você faça. Pode incluir trabalho voluntário, estudo em tempo integral, cuidar da casa, cuidar das crianças, trabalho pago ou não. Portanto, *trabalho*, na forma que está sendo usado aqui, quer dizer as atividades que você acha que tomam a maior parte do seu tempo e energia. As questões referem-se às últimas duas semanas.

F12.1 Você é capaz de trabalhar?

Nada	Muito pouco	Médio	Muito	Completamente
1	2	3	4	5

F12.2 Você se sente capaz de fazer as suas tarefas?

Nunca	Raramente	Às vezes	Repetidamente	Sempre
1	2	3	4	5

F12.4 Quão satisfeito(a) você está com a sua capacidade para o trabalho?

Muito insatisfeito	Insatisfeito	Nem satisfeito, nem insatisfeito	Satisfeito	Muito satisfeito
1	2	3	4	5

F12.3 Como você avaliaria a sua capacidade para o trabalho?

Muito ruim	Ruim	Nem ruim, nem boa	Boa	Muito boa
1	2	3	4	5

As questões seguintes perguntam sobre *quão bem você é capaz de se locomover* referindo-se às duas últimas semanas. Isto em relação à sua habilidade física de mover o seu corpo, permitindo que você faça as coisas que gostaria de fazer, bem como as coisas que necessite fazer.

F9.1 Quão bem você é capaz de se locomover?

Muito mal	Mal	Nem mal, nem bem	Bem	Muito bem
1	2	3	4	5

F9.3 O quanto alguma dificuldade de locomoção lhe incomoda?

Nada	Muito pouco	Mais ou menos	Bastante	Extremamente
1	2	3	4	5

F9.4 Em que medida alguma dificuldade em mover-se afeta a sua vida no dia a dia?

Nada	Muito pouco	Mais ou menos	Bastante	Extremamente
1	2	3	4	5

F9.2 Quão satisfeito(a) você está com sua capacidade de se locomover?

Muito insatisfeito	Insatisfeito	Nem satisfeito, nem insatisfeito	Satisfeito	Muito satisfeito
1	2	3	4	5

As questões seguintes referem-se às suas *crenças pessoais*, e o quanto elas afetam a sua qualidade de vida. As questões dizem respeito à religião, à espiritualidade e outras crenças que você possa ter. Uma vez mais, elas referem-se às duas últimas semanas.

F24.1 Suas crenças pessoais dão sentido à sua vida?

Nada	Muito pouco	Mais ou menos	Bastante	Extremamente
1	2	3	4	5

F24.2 Em que medida você acha que sua vida tem sentido?

Nada	Muito pouco	Mais ou menos	Bastante	Extremamente
1	2	3	4	5

F24.3 Em que medida suas crenças pessoais lhe dão força para enfrentar dificuldades?

Nada	Muito pouco	Mais ou menos	Bastante	Extremamente
1	2	3	4	5

F24.4 Em que medida suas crenças pessoais lhe ajudam a entender as dificuldades da vida?

Nada	Muito pouco	Mais ou menos	Bastante	Extremamente
1	2	3	4	5

Sobre o Livro
Formato: 17 x 24 cm
Mancha: 12,5 x 19 cm
Tipologia: Transit521 BT, Architecture
Papel: Offset 90 g
nº páginas: 224
1ª edição: 2009

Equipe de Realização
Edição de Texto
Talita Gnidarchichi (Assistente editorial)
Maria Apparecida F. M. Bussolotti (Estabelecimento de texto)
Nathalia Ferrarezi (Preparação e copidesque)
Jaqueline Lima (Revisão)

Editoração Eletrônica
David Menezes (Projeto gráfico, diagramação, capa e tratamento de imagens)
Ricardo Howards (Ilustrações)

Impressão
Yangraf Gráfica e Editora